OHSAMA BUNKO

眠れないほどおもしろい 吾妻鏡

板野博行

JN103099

三笠書房

謎に満ちた
稀代の歴史書、
『吾妻鏡』の世界へ
ようこそ
源頼朝

はじめに

「鎌倉殿」をめぐる超ド級の権力闘争記！

「冷酷無情の政治家」と呼ばれ、日本で初めて武家政権を打ち立てた**源頼朝**《みなもとのよりとも》。輝かしい源氏将軍、**「鎌倉殿《かまくらどの》」**として、その名を知らない日本人はいないでしょう。しかし、頼朝からわずか三代で、源氏将軍は断絶の憂《う》き目を見ることになります。その後は北条氏《ほうじょう》による執権《しっけん》政治が行われますが、北条氏が幕府の実権を握るに至るまでには、邪魔者一族の討滅《とうめつ》あり、闇にうごめく謀略ありと、**御家人《ごけにん》同士の血で血を洗う超ド級の権力闘争**がありました。

そうした事件を淡々と記しているのが、鎌倉幕府の準公式記録である**『吾妻鏡《あずまかがみ》』**。この本は、その『吾妻鏡』の世界へ皆さんを誘《いざな》っていきます。ただし、「北条氏の北条氏による北条氏のための歴史書」なので、いささか客観性に欠けるところがありますす。そこで本書では、『吾妻鏡』に準じながら、朝廷側にあたる慈円《じえん》の書いた『愚管抄《ぐかんしょう》』やそのほかの史料も駆使して、鎌倉幕府に渦巻いた権力闘争の真相に迫っていきます。

「織田《おだ》がつき、羽柴《はしば》がこねし天下餅《もち》、座りしままに食うは徳川《とくがわ》」

という狂歌がありますが、鎌倉幕府でいえば、

「平家がつき、源氏がこねし天下餅、座りしままに食うは北条」

ということになるでしょうか。

本書では、私が**『愚管抄』を書いた天台座主《てんだいざす》**（僧職の最高位）**慈円**になりきって、『吾妻鏡』の世界観や読みどころ、登場する人物像などを解説していきます。

『吾妻鏡』は、**徳川家康の「座右《ざゆう》の書」**として知られています。まだ若き家康がこの本から何を学んだのか、そして江戸幕府を開くにあたってどう生かしていったのか、そのあたりも興味津々なところです。

登場人物の説明だけでなく、日本史の勉強にもなるよう、時代背景などについても、わかりやすく解説することを心がけました。中世という時代、そして『吾妻鏡』の魅力を少しでもお伝えすることができたら、著者としてこの上ない喜びです。

板野博行

目次

はじめに……「鎌倉殿」をめぐる超ド級の権力闘争記！　4

序章　「謀略」と「血の抗争」——なぜ鎌倉武士はハングリーだったか？　17

1章
御曹司、起《た》つ！
こうして「武家の時代」の幕は開かれた
——源氏が残した「歴史的遺産」とは何か

血塗られた将軍・源頼朝の本懐とは　26
清和源氏の嫡流は〝図抜けたラッキー〟の持ち主　29
以仁王の令旨——ついに「源氏の棟梁」が挙兵！　32
邪魔者は弟でも消す「冷酷無情の支配者」　36

ついに武士の頂点「征夷大将軍」として君臨！　39
「夢か現か」……突然の奇妙な死　43

戦えば必ず勝つ男・義経はなぜ兄に疎まれたか　52

天狗に剣術を習う!?　「伝説」に彩られた若武者　53
義経を思い続けた静御前の「白拍子」の舞　55
歌舞伎十八番の『勧進帳』の舞台となった安宅の関所　58
「判官贔屓」「義経伝説」が生まれた理由　60

2章　「北条家の野望」に迫る
——いかにして東国の「田舎武士」は執権にのし上がったか

満々たる野心！　北条時政の「危うい賭け」　68

舅として頼朝の〝有力な後援者〟に　71
ターゲットは比企一族——他氏排斥への号砲　75

実朝を〝人質将軍〟に！　目に余る専横政治　79
なぜ北条氏の子孫は時政を「初代執権」と認めないのか？　82
北条義時は源氏将軍家を滅ぼした「逆臣」か、それとも――　84
一族の存亡を懸けた戦い――運命は義時に味方した　86
実朝暗殺！　怪しすぎる義時の行動　90
最大の難局「承久の乱」――驚愕の三上皇配流！　92
「北条氏中興の祖」が最初の武家法典に込めた「思い」とは？　95
なぜ泰時は〝権力争いの愚〟を封じられたのか　96
北条氏が幕府の「番頭」の地位に甘んじた決定的理由　98
〝公正な裁判〟をする基準――「御成敗式目」の制定　99
北条氏の栄光に隠された「悲劇の一族」　107
北条時政・義時と対極の運命を歩んだ伊東祐親・祐清親子　108
その〝血〟は北条氏に脈々と受け継がれていった　110

3章

なぜ「源氏将軍家」は三代で滅びてしまったのか？

——「頼朝の血脈」に秘められた謎

尼将軍・政子はいかにして「鎌倉のゴッドマザー」になりしか 116

驚きの行動力！　着の身着のまま山を越えて頼朝のもとへ 119

この〝暗躍〟ぶりはさながら女スパイ!? 122

日本史上、最初で最後の「女将軍」 125

一世一代の名演説！「頼朝公の恩は山より高く、海より深い」 126

「頼朝の嫡男」ながら実母・政子にも見放された二代将軍頼家 130

先鋭化する対立！「頼家vs.時政・政子・義時」 133

北条氏の〝周到かつ迅速な謀略〟で外堀を埋められる 135

幽閉され惨殺！　頸に紐を付け、ふぐり（陰嚢）を取られ…… 136

「源実朝の暗殺」にめぐらされた謀略の真相 138

「私には子供がいないから、源氏はここで終わりだ」 139
鶴岡八幡宮での「運命の一日」に次々起きた〝凶兆〟 142
藤原定家、正岡子規も絶賛する「和歌の実力」 148

4章

まさに伏魔殿！京の都に渦巻く陰謀
——なぜ、ぬらくらと「影響力」を維持できたのか？

謀の天才・後白河院は平家と源氏をどう翻弄したか？ 160
平清盛との〝熾烈すぎる〟権力争い 162
なぜ頼朝は後白河院を「日本国第一の大天狗」とののしったか 165
朝廷の「勢力図」に影響を与えた丹後局とのラブ・アフェア 167
朝廷と幕府に〝陰然たる勢力〟を張った土御門通親 170
「典型的公家スタイル」で権力者に媚を売りまくり 171

"巧みな根回し"でライバル九条兼実との政争にも勝利 174
「鎌倉幕府を我が支配下に!!」——後鳥羽院のかなわぬ夢 180
"後白河院の操り人形"から「最強上皇」への道 184
「承久の乱」が招いた"公家の衰退"と"武家の強盛" 186
続く天皇の死……「後鳥羽院の呪い」か? 188

5章 「鎌倉殿」を支えた十三人
——「最後に笑った」のは誰か?

陰謀渦巻く「十三人の合議制」 192
「讒言癖」で失脚した梶原景時の野心 196
「石橋山の戦い」で敵方・頼朝を助け、ちゃっかり御家人に 198
鎌倉から追放された景時一族の最期 201
なぜ比企能員は「北条時政との政争」にあっさり敗北したか 206

鮮明に浮かび上がる「北条氏vs.比企氏」の対立構図 208
〝濡れ衣を着せられた無念〟が六十年後、怨霊となり―― 210
和田義盛が〝北条氏の挑発〟に乗ってしまった理由 212
源平合戦、奥州征討での「輝かしい武功」 213
「座して死を待つ」くらいなら「死を賭して戦う」 216
北条義時と組んで幕政を動かした三浦義村のしたたかさ 218
朋輩への裏切り「三浦の犬は友を食らう」 220
実朝暗殺は義時と義村の〝共謀〟なのか？ 222
〝冴えわたる実務能力〟で鎌倉幕府の「裏方」を仕切った大江広元 226
〝抜群の安定感〟で血塗られた抗争と一線を画す 227
出家後も「執権の外祖父」として権勢を強めた安達景盛 230
「食うか、食われるか」――北条氏とともに三浦一族を排除 234

コラム

頼朝にとって子女は「政争の具」に過ぎなかった!? 46
源氏の名刀「鬼切丸」 63
泰衡の頭蓋骨 66
大事件!「承久の乱」圧勝で北条一門の執権政治は盤石に 101
北条氏の名刀「鬼丸国綱」 113
実朝暗殺の謎 152
義盛と巴御前の息子・義秀 236

イラスト　谷端　実

案内役は慈円が務めます

ボク、慈円《じえん》（一一五五〜一二二五）は、幼くして比叡山《ひえいざん》の延暦寺《えんりゃくじ》に入り、頼朝《よりとも》が征《せい》夷《い》大将軍《たいしょうぐん》に任じられた建久《けんきゅう》三年（一一九二）に、三十八歳で天台座主《てんだいざす》になったんだ。エッヘン!!　仏教界の頂点に立ったということだね。

ボクの父は太政大臣《だいじょうだいじん》、兄は摂政《せっしょう》・関白《かんぱく》まで上り詰めた九条兼実《くじょうかねざね》ということもあって、政治とも深く関わり、兄の進退とともに座主になったり下ろされたり（四回も座主になった）と振り回されて大変だった。

また、歌人としても有名で、『新古今《しんこきん》和歌集』に九十二首が採られ、私家集『拾玉《しゅうぎょく》集』もある。『小倉《おぐら》百人一首』に選ばれているボクの歌を紹介しておこう。

おほけなくうき世の民に　おほふかな　わが立つ杣《そま》に　墨染《すみぞ》めの袖

訳 身の程知らずといわれても、仏に仕える身の法師として、この憂き世の民を救済するために覆いかけましょう。比叡山に住み始めた私が身に着けている、この墨染めの袖を。

ボクの書いた歴史書『愚管抄』全七巻は、中世で最も重要な歴史書と高く評されている。「愚管」と名付けたのは「愚かで狭い見解（ですみません）」という謙遜《けんそん》の意を込めたからなんだけど、今回『吾妻鏡』を紹介するにあたって、**北条氏に都合の良い内容になっている箇所を訂正したり、鋭く突っ込んだりしながらナビをしていく**ので、どうかよろしくお願いします!!

序章

「謀略」と「血の抗争」

なぜ鎌倉武士はハングリーだったか?

『吾妻鏡』はここから始まった！

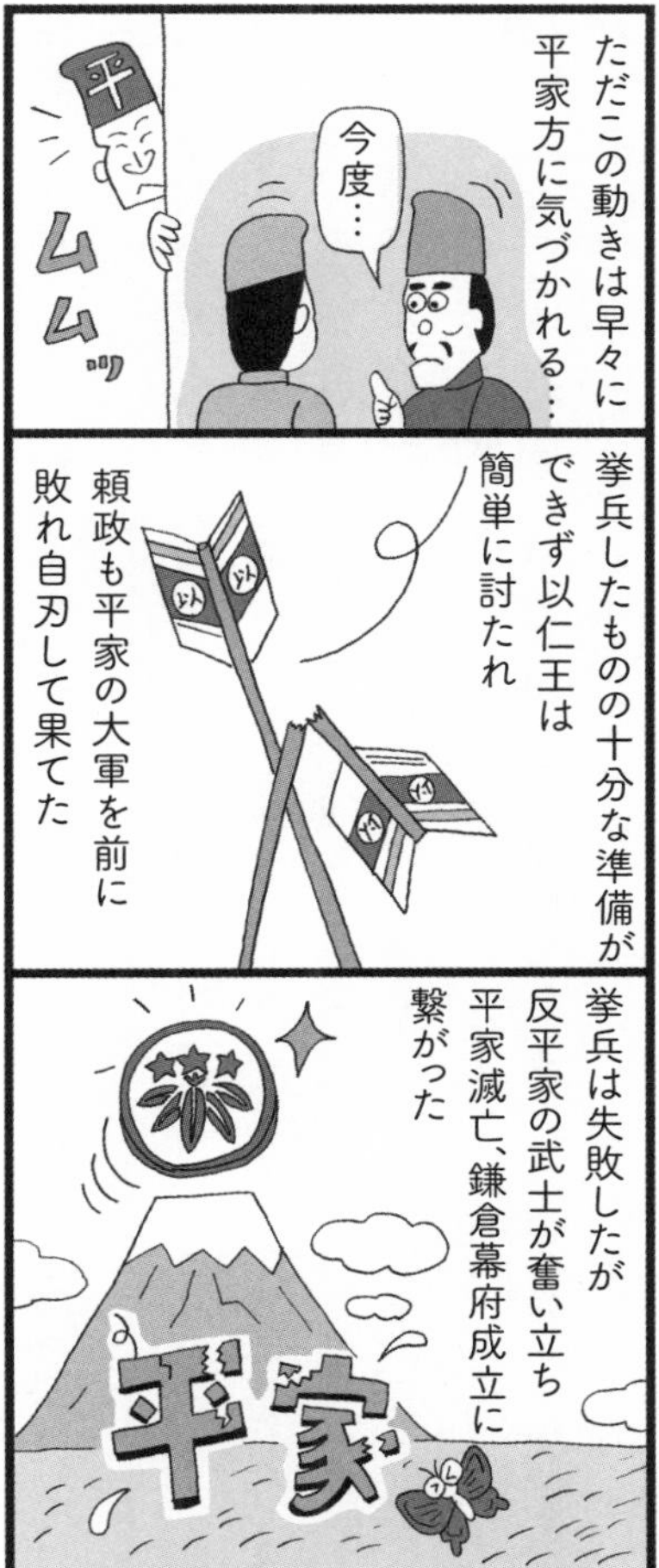
ただこの動きは早々に
平家方に気づかれる…
今度…
平
ムムッ
挙兵したものの十分な準備が
できず以仁王は
簡単に討たれ
頼政も平家の大軍を前に
敗れ自刃して果てた
挙兵は失敗したが
反平家の武士が奮い立ち
平家滅亡、鎌倉幕府成立に
繋がった
平家

『吾妻鏡《あずまかがみ》』（『東鑑』）は、鎌倉時代末期に幕府の複数の有力者が編纂《へんさん》したと推定される歴史書で、**日本における武家政権の最初の記録**だ。

鎌倉幕府の初代将軍　源　頼朝《みなもとのよりとも》から、第六代将軍宗尊親王《むねたかしんのう》までの「将軍記」という構成で、治承《じしょう》四年（一一八〇）から文永《ぶんえい》三年（一二六六）までの八十七年間を記録している。

『吾妻鏡』は全五十二巻（巻四十五欠）といわれており、鎌倉幕府研究の基本文献だ。でも、「正史（公式記録）」と呼ぶには客観性が欠けていて、**「源氏将軍三代に対しては厳しく、北条《ほうじょう》氏には甘い」**という姿勢で書かれている。

また、残念ながら途中十二年分が欠けていて、頼朝が朝廷との接触を図った寿永《じゅえい》二年（一一八三）や、頼朝の死の前三年間（一一九六〜九八）、北条泰時《やすとき》の亡くなった仁治《にんじ》三年（一二四二）など、重要な出来事の箇所が書かれていないのは、不思議を通り越して、何か意図的なものを感じるね。

編纂当時の権力者が北条得宗《とくそう》家（北条氏惣領《そうりょう》の家系）であることから、**北条氏サイドに立った記録**であることは間違いないだろう。

『吾妻鏡』は、治承四年（一一八〇）に**以仁王《もちひとおう》の令旨《りょうじ》**（皇太子や皇后、親王が出す文書）が下されたところから始まっている。

以仁王は後《ご》白河《しらかわ》院の皇子。俊才の誉《ほま》れ高く、皇位継承において有力候補者だった。ところが平家のご都合主義の結果、自分をすっ飛ばして異母弟が高倉《たかくら》天皇となり、さらにその息子がわずか三歳で即位し安徳《あんとく》天皇に……。平家に不満を持つのも当然だね。

そこに現れたのが、同じく平家に恨みを持つ**源頼政《よりまさ》**という男。頼政に勧められ、以仁王は平家打倒を決意。そして、諸国の源氏と大寺社に平家討伐の令旨を発したんだ。

ただ、この動きは早々に平家方に気づかれてしまう。挙兵したものの十分な準備ができていなかったこともあり、以仁王は簡単に討たれた。

頼政も平家の大軍を前に敗れ、最後は宇治《うじ》の平等院《びょうどういん》において自刃《じじん》して果てた。次の歌は、**頼政の辞世の歌**だ。

埋木《うもれぎ》の　花さく事も　なかりしに　身のなるはてぞ　かなしかりける

訳　埋もれ木に花の咲くことがないように、私も世間から見捨てられ出世することもなかったが、今ここで哀れな最期《さいご》を遂げる我が身のなれの果てが悲しいことだ。

「埋もれ木」のように世間から顧《かえり》みられないまま年老いた頼政の一生は、花咲くこともなく、「身（実）のなる」果てに戦いに敗れ、自害して終わった。享年七十七。**「ゲンジボタル（源氏蛍）」**の名はこの頼政に由来する。平家討伐の夢が破れた頼政の無念の魂が、夏の夜に飛び交う蛍にたとえられたという。なんとも切ない……。

以仁王の平家打倒の計画は、こうして失敗に終わったんだけど、以仁王の令旨は、全国に雌伏《しふく》していた打倒平家に燃える武士たちを奮《ふる》い立たせた。

頼朝、義仲《よしなか》と相次いで挙兵した源氏は、ついに「壇ノ浦《だんのうら》の戦い」で平家を滅ぼした。その後、頼朝が鎌倉幕府を開き、北条氏が執権《しっけん》になって実権を握る。そして「承久《じょうきゅう》の乱」で朝廷との戦いに勝利した幕府は、名実ともに日本を統治することになった。

本書では、『吾妻鏡』の始まりである「以仁王の令旨」から、幕府が朝廷の上に立つという日本歴史上の一大転換点をもたらした承久三年（一二二一）の「承久の乱」を経て、鎌倉幕府がどのような道をたどったのかを見ていくことにする。

『吾妻鏡』年表

1180　以仁王の令旨　源頼朝、挙兵

1185　壇ノ浦の戦い、平氏滅亡

頼朝、諸国に守護・地頭を設置

1192　後白河院、崩御　頼朝、征夷大将軍となる

1199　源頼朝、死去

源頼家、将軍就任→「十三人の合議制」が敷かれる

1200　梶原景時の変（梶原景時、敗死）

1203　比企能員の変（比企能員、誅殺）

頼家、修禅寺に幽閉される　源実朝、将軍に就任

1204　頼家、修禅寺にて誅殺される

1205　畠山重忠の乱（畠山重忠、敗死）

北条義時、執権となる

1213　和田合戦（和田義盛、敗死）

1219　実朝、暗殺される

1221　承久の乱

1225　北条政子、病死

1232　泰時、御成敗式目を制定

1247　宝治合戦（三浦氏滅亡）

1252　宗尊親王、征夷大将軍となる

『吾妻鏡』主な登場人物

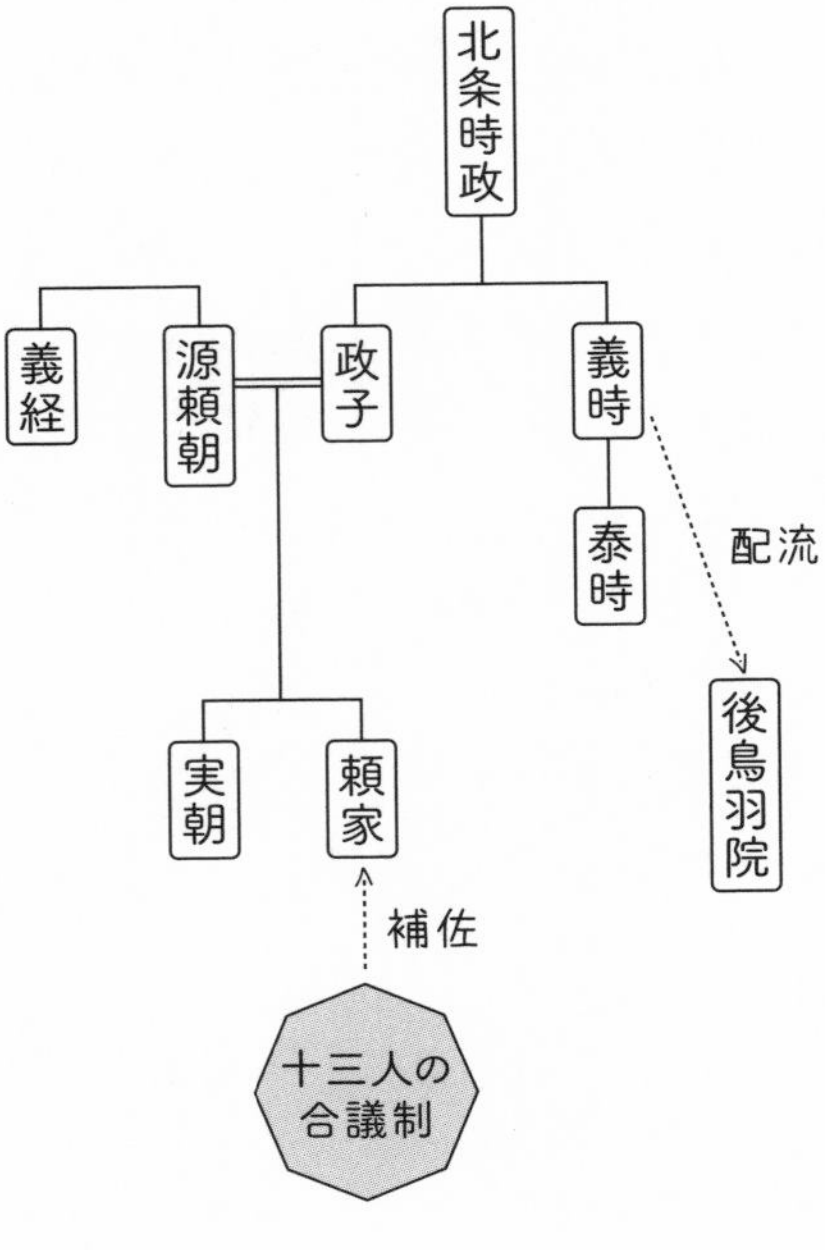
北条時政
義経
源頼朝
政子
義時
泰時
配流
後鳥羽院
実朝
頼家
補佐
十三人の合議制

1章

御曹司、起《た》つ！
こうして「武家の時代」の幕は開かれた

源氏が残した「歴史的遺産」とは何か

血塗られた将軍・源頼朝の本懐とは

34歳まではただの女たらしだったけど
ムホホ
源頼朝
いや〜ん
それは世を忍ぶ仮の姿…
バッ
すべては平家を倒して
源氏を中心とした武士の世を作るため
源氏

邪魔者は親類縁者でも容赦なく皆殺しにしたため
源義経
弟なのに…活躍したのに…
冷酷無情といわれるけど…
あ〜千幡ちゃん
ホントかわいいね〜
千幡（のちの実朝）
子煩悩な一面もあったのだ
はい〜順番に抱かせてあげるから並んで
特別だよ？うれしいでしょ？
ハハハ…
あ…ありがとうございます…

源頼朝《みなもとのよりとも》は、**「冷酷無情の政治家」**と評されることが多い。

源平合戦で功績のあった従兄弟《いとこ》の義仲《よしなか》や、異母弟の義経《よしつね》・範頼《のりより》を死に追いやり、奥州藤原《おうしゅうふじわら》氏を滅ぼし、平家の残党狩りも徹底的にやった。

頼朝の父系三親等以内の男性（約三十人）は、ほとんどが彼に殺されている。残忍酷薄、「血塗られた将軍」と呼んでもいいくらいだ。

でも、頼朝の開いた「武家政権」は、慶応《けいおう》三年（一八六七）の王政復古の宣言まで七百年近くの長きにわたって続くことになるんだから、偉大な人物であることは間違いない。

江戸幕府を開いた徳川家康は頼朝を尊敬し、頼朝の事績を記した『吾妻鏡』を愛読した。「燕雀安《えんじゃくいずく》んぞ鴻鵠《こうこく》の志《こころざし》を知らんや」という故事成句があるように、小人物が大人物の大志を悟ることはなかなかできない。

幼い時に流人《るにん》として伊豆《いず》に流され、三十四歳にしてチャンスを摑《つか》み、五十三歳で急死するまで走り続けた、鴻鵠たる頼朝の人生を見ていくことにしよう。

◆清和源氏の嫡流は〝図抜けたラッキー〟の持ち主

頼朝は源義朝《よしとも》の三男として生まれたが、母が格式高い尾張熱田《おわりあつた》神宮《じんぐう》の大宮司《ぐうじ》の娘だったことで、異母兄二人を差し置いて清和《せいわ》源氏の家督《かとく》継承者とみなされていた。

父の義朝は清和源氏の嫡流《ちゃくりゅう》として順調に出世していたけど、「平治《へいじ》の乱」において敗れてしまう。その時十三歳で出陣していた頼朝は、父や兄たちと東国に向かって落ちていく途中、**馬上で居眠りをしてしまい一行からはぐれてしまった。**

「冷酷無情の政治家」源頼朝は超幸運な男だった

ところが、これが幸運を呼んだんだ。父や兄たちは命を落としてしまったのに、頼朝だけは助かった。というのは、平家に捕らえられた頼朝を見た、平清盛《たいらのきよもり》の継母《ままはは》である池禅尼《いけのぜんに》が、亡くなった自分の子供に似ているという理由で、清盛に頼朝の助命を嘆願してくれたからだ。

もちろん清盛は「後顧《こうこ》に憂《うれ》いを残す」と応じなかったけど、池禅尼は断食《だんじき》までして抵抗した。さすがにその気迫に負けた清盛は、頼朝の処刑を諦《あきら》め、伊豆に配流《はいる》するにとどめたんだ。

のちに、清盛が死ぬ間際に残した遺言は、**「頼朝の首をはねて、私の墓前にかけよ」**だった。あの時、頼朝を殺しておけば良かった……清盛の後悔は、残念ながら後の祭りに終わる。頼朝はツイていた。

◆「若き囚われの御曹司」は女にモテまくり？

こうして伊豆の流人となった頼朝は、**乳母《めのと》である比企尼《ひきのあま》**から届く食料や身の回りの品でなんとか生活していた。ある程度の自由は認められていたけれど、平家の命《めい》を受けた在地豪族の伊東祐親《いとうすけちか》や北条時政《ほうじようときまさ》などが頼朝の動静を監視していた。

少年の頼朝は、父義朝の菩提《ぼだい》を弔《とむら》いながら読経《どきよう》に明け暮れていたようだ。

そして、何年もの月日が流れた。

監視役の伊東祐親に祐清《すけきよ》という息子がいて、頼朝に近侍《きんじ》することになった。その祐清の妹に、**美人と評判の八重姫《やえひめ》**がいた。流人ではあるが源氏の貴公子頼朝と、伊豆の小町《こまち》八重姫との間に恋が芽生えるのは時間の問題だった。

頼朝と八重姫は、音無《おとなし》の森（現在の静岡県伊東市）で密会を重ねた。そして祐親が大番役《おおばんやく》で京都警護に行っている間に、二人の間に**千鶴丸《せんづるまる》**という男の子が生まれたんだ。

三年間の職務を終えて祐親が帰郷すると、コトは露見した。祐親は激怒し、まだ三歳だった千鶴丸を川に沈めて殺し、八重姫は別の男に無理やり嫁がせた。さらに、残る頼朝も殺そうとしたんだ。ざ、残酷……。

でも、仲良しだった祐清が身の危険を知らせてくれたおかげで頼朝は難を逃れ、北条時政邸に身を寄せた。

すると**今度は、時政の娘政子《まさこ》と激しい恋に落ち**、時政の反対を押し切って二人は結ばれることになる。

頼朝の恋の行方は……

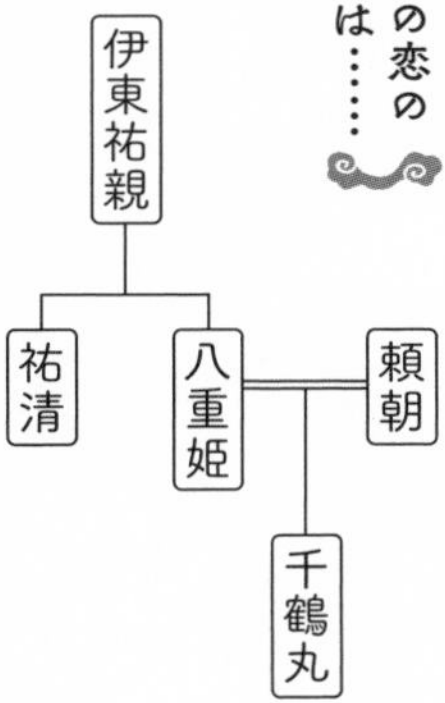

この時期の頼朝は、**ただの女たらしの流人**に過ぎないね。

ちなみに、八重姫は頼朝のことが忘れられず、家を抜け出して北条邸まで行ったところ、頼朝と政子が結ばれていることを知り、悲しみのあまり入水《じゅすい》自殺したという。あまりに悲しい死だ。

◆以仁王の令旨——ついに「源氏の棟梁」が挙兵！

頼朝は配流された伊豆で二十年の月日を過ごし、気が付くと三十四歳になっていた。その間に平家は栄華を極めたけど、清盛のあまりの専横《せんおう》ぶりに**反平家の気運**も少しずつ盛り上がってきていた。

治承《じしょう》四年（一一八〇）、後白河院《ごしらかわ》の皇子である以仁王《もちひとおう》が、平家追討を命ずる令旨《りょうじ》を発した。残念ながら以仁王の挙兵は露見し、以仁王は簡単に討たれてしまった。

頼朝は以仁王の令旨を受け取ったものの、しばらく動かず事態を静観していた。しかし、平家が諸国の源氏追討を企《くわだ》て、その魔の手が自分にも伸びてくることを知らされ、**ついに挙兵を決意**した。この時、義父の時政も平家を裏切って頼朝と運命をともにする覚悟で起《た》った。

頼朝は、まず手近なところで伊豆の目代《もくだい》（国守の代理人）だった山木兼隆《やまきかねたか》を討った。この兼隆は、かつて政子が無理やり結婚させられようとした平家の代官だった。

この襲撃は成功した。

それを知った平家は、軍勢を送って頼朝をつぶしにかかった（**「石橋山《いしばしやま》の戦い」**）。まだ百騎程度に過ぎない頼朝軍に対して、大庭景親《おおばかげちか》が率いる平家軍は三千騎。

頼朝自らも弓を取って「百発百中」という活躍ぶり（よいしょ!!）だったものの、衆寡敵《しゅうかてき》せず、多勢に無勢、軽く蹴散《けち》らされてしまう。

わずかな部下と一緒に、ほうほうの体《てい》で箱根山中にある「しとどの窟《いわや》」という洞窟に逃げ込んだ頼朝だったけど、平家方の厳しい探索に、「もはやこれまで」と死ぬ覚悟を決めた。

ところが敵方の武将の**梶原景時《かじわらかげとき》**によって助けられ、九死に一生を得た（197ページ参照）。ここでも頼朝はツイていた。

◆反平家の坂東武者が続々、集結！

その後、頼朝は真名鶴崎《まなづる》（現在の神奈川県・真鶴町）から小舟に乗って房総半島の安房国《あわのくに》（現在の千葉県南部）に渡り、先に着いていた北条氏らと合流して再起を図った。源氏の棟梁《とうりょう》が挙兵したという報を聞いた反平家の坂東《ばんどう》武者たちが、頼朝の呼びかけに応じて続々と集まってきた。なかでも、下総《しもうさ》（現在の千葉県・茨城県）の有力豪族だった千葉常胤《ちばつねたね》が一族郎党《ろうとう》三百騎を率いて駆け付けてきた際には、「今日よりは、そなたを父と思うぞ」と感動した頼朝だった。

ところが、有力豪族だった**上総広常**《かずさひろつね》はなかなか参陣しなかった。

実は、広常はまだ頼朝のことを信用していなかったんだ。そこでわざと遅れてやってきて頼朝がどういう態度を取るか、それを見極めたうえで、加勢するか敵に回るかを決める腹積もりだった。

「ワシが連れてきた二万もの大軍を目にすれば、頼朝とて遅れたことを責めはすまい」という広常の目算はハズれた。頼朝は広常が遅れてきたことを厳しく叱責し、会おうとしなかった。その気迫と威厳ある態度に、**広常は「これぞ源氏の棟梁たる男、いずれ日本を制する君主だ」と心服して従うことにした**（よいしょ、よいしょ!!）。

ちなみに広常の軍勢数は、『吾妻鏡』では二万騎となっているけど、『延慶本平家物語《えんぎょうぼん》』では一万騎、『源平闘諍録《げんぺいとうじょうろく》』では一千騎となっている。

◆軍事の天才・義経の参陣！

有力豪族だった広常の参加は大きかった。

「頼朝は買いだ!!」

反平家の気運が高まっていたことも相まって、頼朝のもとに東国武士が続々と参じ、数万騎の大軍となった頼朝軍は堂々と鎌倉に入った。

兄の頼朝が挙兵したことを聞いた**源義経**は、頼朝のもとにはせ参じた。義経は、京の鞍馬山《くらまやま》で天狗《てんぐ》に剣術を習ったといわれるように、**武術**、そして**軍事の天才**。頼朝にとって、百万の味方を得たようなものだった。

さらにもう一人、異母弟の**源範頼**も頼朝軍に参陣した。範頼は、血気盛んな義経と違って温厚で冷静沈着、頼朝の命令を素直に聞くタイプだ。

「範頼・義経」という最強コンビ、および単独での戦いを並べてみよう。**勝率は百パーセントだ!!**（◎＝コンビ、○＝範頼、●＝義経）

◎宇治川《うじがわ》の戦い……源義仲追討
◎一ノ谷《いちのたに》の戦い……義経軍による奇襲「鵯越《ひよどりごえ》の逆落《さかお》とし」
○九州征討……範頼軍による山陽道・九州征討。平家を援助する西国家人《けにん》の鎮圧
●屋島《やしま》の戦い……義経軍の奇襲
◎壇ノ浦《だんのうら》の戦い……平家滅亡

それにしても、こんな優秀な弟二人がいるなんて、ツイてツイてツキまくる頼朝だ。

◆邪魔者は弟でも消す「冷酷無情の支配者」

頼朝と同様、以仁王の令旨を受けて挙兵した源氏の中に、従兄の**源義仲**がいた。義

仲は頼朝より先に入京を果たし、平家を都落ちさせた。ところが、義仲の部下たちは都に入ってからは乱暴狼藉《ろうぜき》を働くばかり。

当初は義仲を買っていた後白河院（朝廷で権力を握った当時の法皇）も、こうした様子にあきれ果て、ついに頼朝に、義仲と平家の追討を命じた。頼朝は待ってましたとばかり、弟の範頼・義経軍を派遣し、見事に**義仲軍を撃破し義仲を討ち取った**。

しかし、頼朝の非情ぶりと骨肉《こつにく》の争いは、これだけにとどまらない。

源平合戦で功績のあった義経は都で大歓迎され、英雄扱いを受けた。頼朝がこれを面白く思うはずがない。

そこへもってきて、源氏の棟梁である自分の許可もなく、後白河院から高い官位を勝手にいただいたことに対して頼朝は怒った。さらに、梶原景時が「義経に謀反《むほん》の下心あり」と頼朝へ讒言《ざんげん》したものだから、その怒りは倍増した。

頼朝は義経包囲網を敷いて追い詰め、奥州平泉《ひらいずみ》の藤原氏のもとに逃げていた義経を亡き者にした。そのうえ義経の子も、男児というだけで生後すぐに殺した。

もう一人の弟範頼も、謀反の疑いで伊豆へ流して誅殺《ちゅうさつ》した。

このような徹底した冷酷無情なやり方は、頼朝自身が「平治の乱」で処刑されるはずが、清盛の継母である池禅尼のとりなしによって命拾いしたことの裏返しだったのかもしれない。

「邪魔者は必ず消す」——そう心に決め、私情を捨てて鬼になったのだろう。

◆奥州藤原氏を討滅！　東国を完全制圧し「後顧の憂い」を絶つ

以仁王の挙兵から始まった「治承《じしょう》・寿永《じゅえい》の内乱」、いわゆる「源平合戦」の最後を締めくくるのは、奥州藤原氏との戦いだった。平家討滅後の頼朝にとって、後顧の憂いなく鎌倉政権を安定させるためには、東北で一大勢力を誇っていた奥州藤原氏を打倒する必要があったんだ。

奥州藤原氏の四代目にあたる泰衡《やすひら》は、義経の首を差し出して鎌倉幕府に恭順《きょうじゅん》の意を示すなど、必死で平和的解決を図ったが、頼朝はそもそも聞く耳など持っていない。**頼朝の狙いは奥州藤原氏の滅亡**だった。

「家人（家臣）の義経を匿《かくま》ったうえに自分の許可なく討伐したことは許されないことだ」と、いちゃもんをつけて、頼朝自ら大軍を率いて奥州追討に向かった。

頼朝にとっては「石橋山の戦い」以来の出陣だったが、さしたる抵抗も受けずに白河の関を超え、途中余裕で勝利しながら奥州藤原氏の本拠地平泉に入った。すると、すでに泰衡は逃げ去り、豪華絢爛《けんらん》だった館には火が放たれ、灰燼《かいじん》に帰していた。もったいない……。

この時点で頼朝軍は、次々に合流してきた御家人《ごけにん》たちによって総数二十八万四千騎にも達していたという（ちょっと、いや、かなり盛ってます by『吾妻鏡』）。

この大軍に恐れをなした泰衡は赦免《しゃめん》を求める書状を送ったけど、例によって頼朝は完全無視。打つ手のなくなった泰衡は蝦夷《えぞ》にまで逃亡しようとしたが、部下に討たれてしまう。

◆ついに武士の頂点「征夷大将軍」として君臨！

こうして東国を完全に支配した頼朝は、建久《けんきゅう》元年（一一九〇）十一月、威風堂々《いふうどうどう》たる様子で初めて上洛《じょうらく》した。そして、頼朝が**「日本国第一の大天狗」と呼んだ後白河院**と、余人を交えず長時間会談。この時ばかりはさすがの頼朝も緊張したに違いない。その結果、頼朝は権大納言《ごんだいなごん》と右近衛大将《うこんえのだいしょう》に任じられたが、翌月に両官を辞した。

辞した理由は、鎌倉を地盤とする頼朝が京都の朝廷における公事《くじ》を行うことは物理的に不可能ということだけど、それはあくまで建前。頼朝の目的は「武士の武士による武士のための政権」を樹立することだったから、公家《くげ》の官位など不要、朝廷に取り込まれてたまるものか、というのが本音。

「東国武士を舐《な》めるな!!」といったところだ。

「天下草創《そうそう》」に向けて頼朝が望んだのは、武士としての最高位、「大将軍」だけ。でも、後白河院は頼朝にその位を授けることに難色を示した。

その後白河院が建久三年(一一九二)三月、六十六歳で崩御《ほうぎょ》し、同年七月に**後鳥羽《ごとば》天皇によって、頼朝は念願の「征夷大将軍《せいいたいしょうぐん》」に任ぜられた。**

武家政権を代表する地位が征夷大将軍である、という慣習はここで成立した。また将軍がトップに君臨して幕臣《ばくしん》を従えるという図式も、ここで成立したんだ。家康が頼朝を尊敬する気もわかる気がするね。

頼朝は幕府を開いた鎌倉の地で先祖ゆかりの
鶴岡八幡宮を篤く信仰した

◆娘の入内を目論むも……次々と悲劇が！

建久六年（一一九五）二月、頼朝は東大《とうだい》寺《じ》再建供養《くよう》に出席するため、政子と頼家《よりいえ》・大姫《おおひめ》ら子女たちを伴って上洛した。その真の目的は、頼朝と政子の**長女大姫を、後鳥羽天皇に入内《じゅだい》させること**だった。

ところが、肝心の大姫が翌年二十歳の若さで病没してしまう。頼朝の計画は水泡に帰してしまったんだ。

大姫入内はかなわなくなったけど、頼朝は諦めなかった。朝廷との関係を安定させるために、**大姫に代わって次女三幡《さんまん》（乙《おと》姫《ひめ》）の入内を画策**した。今度はうまくいって三幡は女御《にょうご》の宣旨《せんじ》を受け、いよいよ京へ赴《おもむ》いて入内するばかり、というタイミングで、なんと**頼朝が急死**する。

三幡の件は、そのまま二代将軍頼家が引き継いで進めたけど、三幡も頼朝の死の数カ月後、高熱を出して重態に陥った。母の政子は**名医の誉れ高い丹波時長《たんばのときなが》**を京から招いて治療にあたらせた。でも、そのかいもなく三幡は死亡。享年十四。

三幡は病弱だった大姫と違って元気な娘だったのに、突然の死を迎えた。どうも暗殺臭い。この時、朝廷で実権を握っていたのは策士中の策士、**狸《たぬき》おやじの土御門通親《つちみかどみちちか》**。彼の娘が後鳥羽天皇に入内して皇子を生んでいたところから、頼朝の娘三幡の入内を阻止するために**時長を派遣して暗殺させた**のではないだろうか。

三幡は、時長が処方した薬によっていったん回復に向かうものの、すぐにまた病状が悪化した。かわいそうに目の上が腫《は》れ上がってお岩さんのようになってしまったんだ。

それを見た時長が、「もう人力の及ぶところではありません」と、サジを投げて京へ逃げ帰った四日後に死亡……アヤシイ、怪しすぎる。

◆「夢か現か」……突然の奇妙な死

建久十年（一一九九）、頼朝は五十三歳で亡くなった。

ボクも驚いて『愚管抄《ぐかんしょう》』に、「夢か現《うつつ》か」と書いたほどのショックだった。

誰もが知りたい頼朝の死因だが、鎌倉幕府の準公式記録である『吾妻鏡』において、不思議なことに頼朝の死の三年前からの記録がすっぽりと抜け落ちているんだ。偉大な初代将軍の死についての詳細な記述がないなんて、不思議を通り越して作為的とし か言いようがない。

『吾妻鏡』を愛読したことで知られる徳川家康が、尊敬する源頼朝の最期が不名誉なものであったため、「名将の恥になるようなことは後世に伝えるべきではない」として該当箇所を破り捨ててしまったという俗説がある。

でも、『吾妻鏡』には諸本が多くあり、そのすべてにおいて該当箇所が欠落している以上、家康が諸本をすべて手に入れて破り捨てたと考えるのは無理がある。

頼朝の死についての記述が初めて登場するのは、頼朝の死から約十三年経過した頃のことだ。内容も「相模川《さがみがわ》の橋が壊れて地元民が困っている。ここはその昔、頼朝将軍が落馬し、ほどなく亡くなった場所で縁起が悪い」といった程度。

事実としては、次のことがわかっているだけだ。

・建久九年（一一九八）十二月二十七日、体調を崩す
・建久十年（一一九九）一月十一日、出家
　一月十三日、死去。享年五十三

どの史料でも、「相模川橋供養の帰路に病を患《わずら》った」というところまでは一致しているけど、最終的な死因に関しては諸説紛々《ふんぷん》だ。

最有力の**「落馬説」**から、**「糖尿病説《とうにょうびょう》」「暗殺説」**、果ては異母弟の義経や安徳天皇《あんとく》の亡霊に呪い殺されたという**「亡霊説」**まで唱えられている。

ほかにも、愛人のところに夜這《よば》いに行く途中、不審者と間違われて斬り殺されたとする「誤認殺傷説」などという、とんでもない説まで飛び出す始末。

ボク慈円の個人的な推測としては、三幡のこともあるし、「暗殺説」を取りたいところだ。いずれにせよ、編纂者が『吾妻鏡』に頼朝の死因を書かなかった罪は重い……。

頼朝が葬《ほうむ》られた大倉法華堂《おおくらほっけどう》は、幕府滅亡後しばらくは信仰を集めていたけど、戦国時代には荒れ果てて堂宇《どうう》すら失われ、頼朝の墓所もわからなくなってしまった。頼朝の死から十年ほど経って、『方丈記《ほうじょうき》』を書いた**鴨長明**《かものちょうめい》が法華堂を訪れ、頼朝の死を悼《いた》んで涙を流しながら、無常観あふれる歌を廃堂の柱に書きつけたという。

草も木も　靡《なび》きし秋の　霜消えて　空しき苔《こけ》を　払ふ山風

訳 草木も靡くほどの権勢を誇っていた頼朝公も、秋の霜のように消えてしまい、今やお墓に生える空しい苔を払って山風が吹くばかりだ。

コラム

頼朝にとって子女は「政争の具」に過ぎなかった!?

頼朝が後鳥羽天皇に入内させようと目論《もくろ》んだ、北条政子との間の長女の大姫には、とても悲しい過去があるんだ。それは源（木曾《きそ》）義仲の嫡男《ちゃくなん》の源義高《よしたか》との悲恋だ。義仲と頼朝が従兄弟《いとこ》同士なので、義高と大姫は又従兄妹にあたる。

普通に考えれば、この二人が結ばれることは、源氏にとって喜ばしい話だ。**ビッグカップル誕生!!**

ところが、実際はまったく祝福されない婚約を経て、予想外の結末を迎えることになる。

義仲と頼朝は従兄弟同士だけど、ライバル関係にあった。

義仲の母は遊女、頼朝の母は格式高い尾張熱田神宮の大宮司の娘。

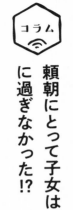

そんなところもコンプレックスとなって、義仲は頼朝に対して「負けるものか」という強い思いに駆られていたんだ。

以仁王の令旨を受けて平家打倒の旗印を掲げて挙兵した義仲は、信濃国《しなののくに》を中心に勢力を広げていった。

幼い頃、父が戦いに敗れて信濃国木曾谷（現在の長野県木曽郡木曽町）に逃れた義仲は、木曾山中で育ったことから通称「木曾義仲」と名乗った。

義仲は、以仁王の遺児を擁《よう》して戦うなど、頼朝とは違うやり方で勢力を独自に築いていった。

ビッグカップル誕生のはずが……？

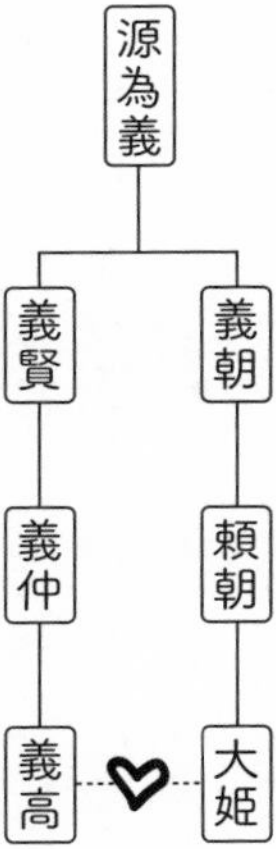

そんな時、頼朝と対立していた武将を庇《ひ》護《ご》したことによって、頼朝との仲は決定的に悪化し、武力衝突寸前となった。
もしこのまま戦えば頼朝に負けるのは確実だ。そう考えた義仲は、まだ十一歳の嫡男の義高を鎌倉へ差し出すことで和議を図った。表立っては頼朝の長女大姫の婿《むこ》にな

るため、という名目で義高は鎌倉へ赴いたけど、**実質的には人質**だったんだ。

この時、大姫はまだ数えで六歳に過ぎなかった。何も知らない大姫は、五つ年上のお兄ちゃんである義高になついた。

それはいつしか、ほのかな恋へと変わっていった。

※「三日天下」に終わった源義仲の入京

義仲は奇襲戦法を使った「倶利伽羅峠《くりからとうげ》の戦い」で大勝利を収めると、その後も破竹《はちく》の勢いで平家を破って入京を果たす。ついに頼朝を出し抜いたんだ!!

平家は都落ちし、義仲は「朝日将軍」と呼ばれて、一躍、都のヒーローとなった。

でも義仲の勢いもここまでだった。折からの飢饉《ききん》で食糧事情が悪化していたこともあって、義仲軍は略奪の限りを尽くした。また、義仲自身も寄せ集めの部下たちの統制を図ることができず、京を治めることに失敗した。

義仲に好意的だった後白河院も、田舎者丸出しの義仲に愛想を尽かして鎌倉の頼朝に近づいた。裏切られたと知った義仲は、クーデターを起こして後白河院を幽閉したけど、頼朝と結んだ後白河院は、逆に「義仲追討」の院宣《いんぜん》を出して対抗した。

後白河院の院宣を受けた頼朝は、「待ってました」とばかり、異母弟の範頼と義経に義仲追討を命じた。入京してからわずか数カ月だったけど、すでに義仲に味方する者は少なくなっていた。まさに「三日天下」。「宇治川の戦い」で敗れて敗走し、「粟津《あわづ》の戦い」で義仲は討たれてしまった。享年三十一。

※絶体絶命！　女装して逃げるも……

父義仲が討たれたことにより、義高の立場は悪化した。義高にもはや人質としての価値はなくなってしまったんだ。冷酷な頼朝は義高を誅殺しようとした。でもこれを知った大姫は、大好きな義高をなんとか助けたいと思った。当然だろうね。

義高と同い年の側近をダミーにして監視役をだまし、その隙に女房に扮した義高は屋敷を抜け出した。そして手配しておいた馬に乗ってまんまと鎌倉を脱出した。馬の蹄《ひづめ》に真綿を巻いて、足音を立てないようにした。用意周到、ここまでは良かった。

ところが夜になってコトは露見する。激怒した頼朝は、兵を派遣して義高を討ち取るよう命じた。武蔵国《むさしのくに》まで逃げていた義高だったけど、追手《おって》に捕らえられ、藤内光澄《とうないみつずみ》という武士に討たれた。享年十二。

❊尼将軍・政子も激怒した恋の顚末

義高が討ち取られたことはしばらく内密にされていたけど、ついに大姫の耳に入ってしまう。義高のことを大好きだった大姫は、悲嘆のあまり食事はもとより水も喉《のど》を通らなくなったんだ。日に日に痩《や》せていく大姫は、ついに病に伏した。

この大姫の様子を見た母の政子は、頼朝に対して怒りを爆発させた。大切な大姫を悲しませ、病気にまでさせたのは、貴方《あなた》が義高を討つよう命じたからだ、と。そして「義高を討ち取った男が許せない!!」と、鬼の形相で頼朝に迫った。その結果、藤内光澄は晒《さら》し首にされてしまった。こういうのをとばっちりというのだろう。

その後、大姫は体だけでなく心も病んでしまう。幼いとはいえ、恋していた義高の死にショックを受け、心身ともに衰弱していくばかり。

心配した政子は、義高の追善供養を行い、大姫を慰めるために祈禱《きとう》をさせるなど手を尽くしたけど病状は思わしくなく、月日だけが流れていった。

そんな大姫も結婚するお年頃になった。頼朝は幕府と朝廷との関係を安定させるため、**大姫を後鳥羽天皇の妃にするべく入内工作を行ったん**だ（41ページ参照）。なんてひどい父親だろう。

結局、大姫は病から快復することなく建久八年（一一九七）に亡くなった。享年二十。あまりにはかなく若い死だった。

大姫が浄土で、大好きな義高と仲良く暮らしていることを願うばかりだ。

戦えば必ず勝つ男・義経は なぜ兄に疎まれたか

源平合戦で活躍するも…
源義経
平家
デーン
頼朝に疎まれ
追われる身に
奥州でも泰衡に
裏切られ…
自決した…
（と見せかけて実は大陸に渡り
チンギス・ハーンになったという説も）
パカラ
パカラ

源義経は源義朝の九男、頼朝の異母弟にあたる。頼朝より十二歳下だ。

戦えば必ず勝つ男、義経。

「鵯越の逆落とし」「義経の八艘飛び《はっそうと》」など、軍神のごとき義経の活躍なくして源平合戦の勝利はなかったといえるけど、冷徹な頼朝に見事にしてやられる。

正義のヒーロー、いや悲劇のヒーローともいえる義経に同情する気持ちから、立場の弱い人や敗者に同情を寄せる**「判官贔屓《ほうがんびいき》」**という言葉が生まれた。「判官」とは、義経が任じられた検非違使《けびいし》（警察と裁判所を兼ねた職）での職の通称で「はんがん」と読むけど、歌舞伎などでは慣用的に「ほうがん」と読む。

歌舞伎の『勧進帳《かんじんちょう》』で有名な弁慶《べんけい》とともに、大人気の義経の人生を見ていこう。

◆天狗に剣術を習う!?「伝説」に彩られた若武者

義経の母の常盤御前《ときわごぜん》は、絶世の美女だった（ぜひ見てみたかった!!）。のちに頼朝の父にあたる義朝に見初《みそ》められて側室となり、三人の息子を生んだ。そのうちの一人が牛若丸《うしわかまる》こと義経なんだ。

「平治の乱」で義朝が敗死した時、常盤御前は幼い三人の息子を守るため、身を挺《てい》して清盛に助命を嘆願した。清盛はその美しさと毅然《きぜん》とした態度に心を動かされ、妾《めかけ》になることを条件に、彼女の願いを聞き入れた（それがのちにアダとなる……）。

三歳だった牛若丸は鞍馬寺に預けられて「遮那王《しやなおう》」と名乗った。天狗に剣術を習った、という伝説もあるほど武芸に励み、武蔵坊《むさしぼう》弁慶を家来にするなど立派な若武者に育った。**元服後は「義経」と名乗り、奥州平泉の藤原秀衡《ひでひら》を頼って下向《げこう》した。**

そして、源氏再興のチャンスをひたすら待っていたんだ。

◆源平合戦の〝最大の功労者〟の隙とは？

治承四年（一一八〇）、以仁王の令旨を受けた兄頼朝の挙兵を聞き、義経は黄瀬川《きせがわ》の陣（現在の静岡県沼津市）にはせ参じた。二十年ぶりの対面に二人は涙した。

戦闘能力マックスの義経は、源平合戦において大活躍する。

なのに義経は、頼朝によって追われる立場に追い込まれる。**頼朝にとって義経は、あくまで戦いにおける駒の一枚に過ぎなかったんだ。**

義経のあまりの活躍とそれに伴う人気は、頼朝にとって不愉快であり、さらに源氏の棟梁たる自分の許可も得ず、後白河院から従五位下《じゅごいのげ》の位を受けたり、検非違使を任じられたりしたのは、許しがたいことだった。

そこへもってきて、梶原景時が「義経に謀反の下心あり」と頼朝へ讒言したからダメ押しだ。景時は、義経とは日頃から犬猿の仲。頼朝の疑心暗鬼をうまく利用して、義経を追い落とそうとしたんだ。

身の危険を感じた義経は、幕府の有力者大江広元《おおえのひろもと》に頼朝への嘆願書（これを腰越状《こしごえじょう》という）を渡した。これは、**兄頼朝を裏切るつもりなど毛頭ないという思いを切々と書き記したもの**だったんだけど、頼朝はそれを読むことさえしなかった。

頼朝は義経を敵とみなし、討ち取ることにしたんだ。

◆義経を思い続けた静御前の「白拍子」の舞

義経が頼朝に追われて京から逃げ落ちることになった時、愛妾《あいしょう》の静御前《しずかごぜん》も義経に従っていたんだけど、吉野で別れたのちに運悪く捕らえられ、母とともに鎌倉に送られてしまった。
静御前は、頼朝に命じられて鶴岡八幡宮《つるがおかはちまんぐう》で「白拍子《しらびょうし》」を舞うことになった。白拍子というのは、白い水干《すいかん》に立烏帽子《たてえぼし》をかぶり、白鞘《しらさや》の刀を差した男装で、今様《いまよう》（流行歌）を歌いながら舞を舞うことだ。
静御前は昔を思い出し、義経を恋する歌を歌った。

吉野山 嶺《みね》の白雪 踏み分けて 入りにし人の 跡ぞ恋しき

訳 吉野山の峰の白雪を踏み分けて、山深く入ってしまった義経様の跡が恋しい。

しづやしづ 賤《しづ》のをだまき 繰り返し 昔を今に なすよしもがな

訳 糸を繰り返し巻いてできる苧環《おだまき》のように、時を繰り返し巻き戻して、昔を今に変えることができればいいのに。

静御前は白い袖をひるがえして美しく舞った。その歌声は空いっぱいに響き渡り、鬼神の心をも動かすほどのすばらしさだった。その場にいた者は、感動のあまり息を

静御前が舞を披露した場所に建つ舞殿（鶴岡八幡宮）。
彼女のひたむきな想いは義経に届いたのか――

のんで静御前の舞と歌に魅了され続けた。

ところが、**これを見た頼朝は激怒した。**

「八幡宮で芸を披露するなら、鎌倉幕府の永遠の栄華を祝うべきであろう。昔を懐かしみ、義経を恋する歌を歌うとはとんでもないことだ」

その時、**妻の政子が、こうとりなして静御前の命を助けた。**

「かつて貴方が流人の時、二人が結ばれることを恐れた父の時政が二人の仲を引き裂きました。閉じ込められた私は貴方のことを想い、暗い雨の夜に迷い、激しい雨に打たれながらも貴方のところへ逃げていったのです。

今の静御前の胸中は、私にはよくわかり

ます。私が彼女の立場であっても、あのように歌うでしょう。義経を想い続ける静御前こそ、貞女《ていじょ》の鑑《かがみ》です」

ぐうの音《ね》も出ない頼朝だった。

実はこの時、**静御前は義経の子を妊娠していた。**頼朝は女子なら助けるが、男子なら殺せと命じた。

……静御前が生んだのは男の子だった。

泣き叫ぶ静御前から無理やり赤子を取り上げ、由比ヶ浜《ゆいがはま》に沈めて殺させた。

その後、静御前と母は京に帰された。二人を憐れんだ政子はたくさんの重宝《じゅうほう》を持たせたというけど、静御前がその後どうなったのかは、記録に残されていない。

◆歌舞伎十八番の『勧進帳』の舞台となった安宅の関所

頼朝に執拗《しつよう》に追われる義経一行は、吉野山や奈良などの各地を転々としたあと、義経が少年の日々を送った奥州平泉へ落ちていった。

歌舞伎の『勧進帳』では、奥州平泉に向かう途中の安宅関《あたかのせき》（現在の石川県小松市）

において、弁慶の機転で危機を乗り切る有名なシーンがある。

義経一行は山伏《やまぶし》に変装して敵の目を欺《あざむ》いていたものの、加賀国《かがのくに》の安宅の関所を通過する際、足留めを食らってしまった。関所を守る**富樫左衛門**《とがしさえもん》は、義経たちが山伏に変装しているという情報を事前に入手していたのだ。

疑いを晴らすため、弁慶は何も書かれていない巻物を、東大寺再建のための勧進帳と見せかけて、これを朗々と読み上げた。ここは有名なシーンだね。「勧進帳」とは、お寺に寄付を募《つの》るお願いが書いてある巻物のことだ。

なおも疑う富樫は、弁慶に対して山伏の心得を問いただしたけど、弁慶はすべて完璧に答えた。やるな弁慶!! しかし、それでも疑いは完全には晴れなかった。

追い詰められた弁慶は、変装がバレないようにするために、持っていた杖《つえ》**で主君の義経を激しく叩いた。**それを見た富樫は、山伏に扮した弁慶と義経であることをわかりつつ、その切なる思いに共感して関所を通させることにしたんだ。

危機を脱した義経は、弁慶の機転を褒《ほ》めた。でも弁慶としては、いかに関所を通過するためとはいえ、主君に対して無礼を働いたことに自責の念を感じて心から詫びた。二人は手を取り合って泣くしかなかった。

このあと、富樫が現れて関所における非礼を詫びる、というシーンがある。初期の演出では、富樫は義経に欺かれた平凡な男として描かれていたけど、『勧進帳』が受け継がれていく中で、富樫を好漢として描くようになったんだ。

『勧進帳』は、「歌舞伎十八番」の一つとして今でも演じられる大人気作品だ。

◆「判官贔屓」「義経伝説」が生まれた理由

幾多の苦難を経て、やっとたどり着いた奥州平泉。義経は藤原氏第三代当主の秀衡に庇護を求め、秀衡もそれに応じた。当時の奥州藤原氏は、名産の馬や砂金の産出などで豊富な財力を持ち、独自の勢力と文化を誇っていた。

清衡《きよひら》・基衡《もとひら》・秀衡と三代続く間に、朝廷や寺社に莫大な貢物《みつぎもの》を贈って繋《つな》がりを持つなど政治力にも長《た》け、平泉は平安京に次ぐ人口を誇る大都市だったんだ。

しかし、ボクの兄の九条兼実《くじょうかねざね》が『玉葉《ぎょくよう》』の中で秀衡のことを「奥州の夷狄《いてき》(=野蛮人)」と呼び、「乱世の基《もと》なり」と記しているように、朝廷にとって奥州藤原氏の存在は不気味であり、それは頼朝にとっても同様だった。

「奥州藤原氏を討たずして、鎌倉幕府の安定はない!!」

後顧の憂いを断つためにも、頼朝は秀衡に何度もプレッシャーをかけた。でも、秀衡はそれを巧みにかわしながら義経を守り、幕府の軍門に降らず独立を保ち続けた。漢《おとこ》秀衡ここにあり!!

ところが秀衡が亡くなると、息子の泰衡は頼朝の圧力に屈して自ら義経を討つことにした……情けない奴。

泰衡の手勢五百騎に対して、義経の従者はわずか十数騎。次々に味方が討ち死にしていく中、残るはただ弁慶のみ。でも無双《むそう》状態の弁慶に正面から立ち向かうものは誰一人いなかった。

その代わり、遠巻きにした兵士たちの放った無数の矢が弁慶を襲った。**立ったまま全身に矢を受け、金剛力士《こんごうりきし》のように仁王立《におうだ》ちする弁慶**。この時、実は弁慶はすでに事切れていた。壮絶な立死《たちじに》、いわゆる**「弁慶の立ち往生《おうじょう》」**だ。

弁慶が討たれたことを知った義経は、戦うことをやめ持仏堂《じぶつどう》に籠《こ》もり、妻と幼い子を殺し、自害して果てた。享年三十一。

義経が自害したという岩手県・平泉の高館義経堂

松尾芭蕉《まつおばしょう》が、義経最期の地である高館《たかだち》を訪れて詠んだ有名な句がある。

夏草や　兵《つわもの》どもが　夢の跡

その後「判官贔屓」という言葉とともに、義経伝説が生まれた。

実は義経は死んでおらず、北に逃れて蝦夷から大陸に渡り、チンギス・ハーンと名を変え、モンゴル帝国を築いたというのだ。荒唐無稽《こうとうむけい》と笑うなかれ。

それほどに**義経は、皆の夢を乗せたヒーローだったんだ。**

コラム

源氏の名刀「鬼切丸」

「清和源氏」の開祖源経基《つねもと》の嫡男である源満仲《みつなか》が作らせた二振《ふたふり》の兄弟刀がある。「**髭切**《ひげきり》」と「**膝丸**《ひざまる》」と命名されたその刀は、幾度《いくたび》もの改名を経ながら源家重代《げんけじゅうだい》の名刀として伝えられていったんだ。

『源平盛衰記《げんぺいせいすいき》』に次のような話が載っているので紹介しよう。

清和天皇の曾孫《ひまご》にあたる満仲が、「天下守護」の勅宣《ちょくせん》を賜《たまわ》った時、武士としてそれにふさわしい刀が必要だと思い、全国から鉄を集め、異国（唐《から》）の名匠《めいしょう》を呼んで刀を作らせた。ところが、納得のいくものが作れない。

そこで八幡宮に祈りを捧げたところ、夢に八幡大菩薩が現れて「六十日後、鉄を鍛えて作りなさい。最上の刀を二振与えよう」とおっしゃるので、そのとおりにしたところ見事な刀が完成したというんだ。

満仲は大いに喜んで、試しに罪人を斬らせたところ、一振の刀は首を落とした時に**髭の一本も残さず見事に切断したので「髭切」**と名付けられ、もう一振は首とともに**膝まで難なく斬り落としたので「膝丸」**と名付けられた。すごいけど、残酷……。

満仲からこの二振の名刀を受け継いだ嫡男の頼光《よりみつ》が、ある時部下の渡辺綱《わたなべのつな》を使者として遣《つか》わす際に、護身用に「髭切」を貸し出したことがあった。綱が無事に使者の役目を終えて一条堀川の戻橋《もどりばし》を渡ろうとした時、雪のように白い肌をした美しい女性に出くわした。もう夜も遅く、気の毒に思った綱は女性を馬の後ろに乗せた。

しばらくすると、その女性が突如恐ろしい鬼に姿を変え、綱の髻《もとどり》を摑んで、上空に持ち上げるやいなや、北西のほうへと飛翔したのだ。

普通なら驚き慌《あわ》てふためくところだけど、豪胆な綱は慌てず騒がず自分の髻を摑む鬼の腕を「髭切」で斬り落としたんだ。綱は鬼の腕もろとも上空から北野天満宮《きたのてんまんぐう》の廻《かい》廊《ろう》に落ちた。でも、不思議なことに無事だったという。

北野天満宮は古来、鬼や邪気を祓《はら》い清める聖地として有名だったから、綱が運良くそこに落ちて無事だったのも偶然ではなかったんだろうね。

それ以来「髭切」は「**鬼切丸**《おにきりまる》」と名を変えた。

ただ、名刀「鬼切丸」の名前の由来にまつわる伝説はほかにもあり、「頼光が羅城門《らじょうもん》の鬼を退治しにいって、鬼の腕を斬り落としたことから」、いや「頼光が大江山《おおえやま》の酒呑童子《しゅてんどうじ》を退治する際に、この刀で鬼を斬ったことから」など諸説紛々なんだ。

一方「膝丸」のほうも負けてはいない。頼光が土《つち》（山）蜘蛛《ぐも》という妖怪《ようかい》を退治したことから「蜘蛛切」、頼朝の祖父為義《ためよし》の時代には夜に蛇《へび》の泣くような声で吠えたので「吼丸《ほえまる》」、源義経の手に渡った時に「薄緑《うすみどり》」と……**兄弟刀仲良く、改名を繰り返しているんだ。**

その二振の刀の変遷《へんせん》は、源平争乱の歴史と重なるところがある。**「薄緑」を手にした義経は平家を滅亡させたけど、手放した時、命運は尽きた。**その後「薄緑」は、頼朝暗殺を企てて失敗した曾我兄弟（74ページ参照）の手に渡ったあと、最終的に頼朝の手中に収まっている。

なお現在は、「髭切（鬼切丸）」は北野天満宮に、「膝丸（薄緑）」は大覚寺《だいかくじ》に所蔵（諸説あり）されている。

コラム

泰衡の頭蓋骨

岩手県・平泉町にある**中尊寺金色堂《ちゅうそんじこんじきどう》**には、清衡・基衡・秀衡の三代のミイラが入った金棺とともに四代**泰衡の頭蓋骨《ずがいこつ》**も安置されている。そして、なんとその**眉間《みけん》には「長八寸の鉄釘《くぎ》」を打ち込まれた跡があるんだ。**

八寸……約二十四センチの釘。頭蓋骨を貫く長さだ、怖すぎて想像したくない。

なぜここまで頼朝はしたのだろう?

これはかつて頼朝の先祖源頼義《よりよし》が、清衡の伯父にあたる安倍貞任《あべさだとう》を、朝廷に逆らった罪で討ち取った時のことを倣《なら》ったものだった。頼朝は、貞任に釘を打ち込んだ者の後裔《こうえい》をわざわざ召し出して泰衡の眉間に討たせたという。八寸釘の頭蓋骨打ち付けは、**祖先を崇拝するがゆえの頼朝の行為**だったのだ。でも、残酷……。

2
章

「北条家の野望」に迫る

いかにして東国の「田舎武士」は
執権にのし上がったか

満々たる野心！北条時政の「危うい賭け」

伊豆に配流されてきた源頼朝との運命の出会い
私が監視役だ
北条時政
月日は流れ、娘の政子と恋仲に…しぶしぶ結婚を認める
実は…
いつの間に…子供まで…
ぐぬぬ
その後、源平合戦や源氏同士の争いを勝ち抜き頼朝が征夷大将軍に
どーん

俺の後援があってこそなのに…あいつばかりいい思いしてる…
アハハハ!!
その恨みからあくどい手を使い、源氏を追い出し実権を握ろうとするが…
あーしてこーして
計画中…
若い後妻の牧の方も協力この人もかなり曲者
それからあーして
バレてしまって、おじゃん
鎌倉を追放されてしまう
ワーッ

伊豆国《いずのくに》の在庁官人だった**北条時政《ほうじょうときまさ》**が、まだ二十三歳の若者に過ぎなかった時のこと。十四歳の源頼朝《みなもとのよりとも》が伊豆に配流されてきた。これが運命の出会いだったんだ。

頼朝と時政は協力して平家を滅ぼし、日本初の「武士の武士による武士のための鎌倉幕府」を創設していく。

ただ、頼朝が亡くなり二代将軍頼家《よりいえ》の代になると、時政は隠していた牙《きば》を剝《む》き、次々とライバルたちを陥《おとしい》れ、滅ぼしていく。

時政は初代執権《しっけん》になるものの、その姿勢は**「北条氏の北条氏による北条氏のための鎌倉幕府」**に傾いていく。

その欲望が頂点に達し、後妻の娘婿（平賀朝雅《ひらがともまさ》）を将軍にしようと目論んだ時、息子の義時《よしとき》と娘の政子《まさこ》によって失脚させられてしまう……どうしてそうなってしまったのか!?

波乱万丈の時政の人生を詳しく見ていこう。

◆舅として頼朝の〝有力な後援者〟に

北条氏は桓武《かんむ》平氏の子孫と称しているが、時政以前の家系はほとんど明らかにされていないのでちょっと、というか、かなり怪しい。

北条氏の本拠地は、伊豆の三島の近くで、時政の頃の兵力はせいぜい五十騎程度。**東国にゴロゴロ存在していた小さな武士団の一つに過ぎなかった。**

頼朝との出会いが
時政の運命を変えた

ちなみに戦国時代の北条氏とは血が繋がっていないので注意だ。戦国時代の北条氏は、北条早雲《そううん》を祖として「後北条」と呼ばれることがある。

永暦《えいりやく》元年（一一六〇）、前年に起きた「平治《へいじ》の乱」で敗れて捕らえられた源頼朝が、処刑を免《まぬが》れ伊豆に配流されてきた。その監視役を仰せつかったのが時政だった。当時、時政は二十三歳、頼朝は十四歳。可能性に満ちた若い二人だ。

流人の少年に過ぎなかった頼朝だが、やがて時政は、「万馬券」、いや夢の「全国制覇宝くじ」が目の前にあることに気づくことになる。


頼朝が伊豆に配流されてから十五年ほど経ったある日、頼朝が、伊東祐親《いとうすけちか》の娘八重《やえ》姫《ひめ》との間を引き裂かれ、命からがら時政のところに逃げ込んできた（31ページ参照）。その時、政子は十代後半。十歳年上の頼朝は、都の貴族的な教養を持つと同時に、東国武士たる源氏の嫡男としてのりりしさを併せ持った男性だった。

そんな頼朝に政子は想いを寄せ始めた。頼朝も、八重姫とのことで傷ついていた時だったので、政子の存在によって慰められた。二人は急速に近づいた。


ある時、時政が大番役《おおばんやく》で京都に赴くことになった。その留守中、チャンスとばかり頼朝と政子は熱烈な恋に落ちた……八重姫の時と同じパターンだね。

仕事から戻った時政は二人の関係を知り、当然だが猛烈に反対した。頼朝の監視役としての自分の立場が危うい。そう思った時政は、二人の仲を引き裂き、政子を平家の代官で伊豆の目代《もくだい》だった山木兼隆《やまきかねたか》に嫁がせようとした。

しかし**政子は輿入《こしい》れ直前に逃げ出し、頼朝のもとへ走った**。そしてまもなく長女の大姫《おおひめ》を出産する。こうなると時政も二人の結婚を認めざるを得ない。覚悟を決めた時政は、舅《しゅうと》として頼朝の有力な後援者となったんだ。

◆賽は投げられた！ そして〝賭け〟に大勝利

頼朝が伊豆に配流されて二十年。平家全盛時代を横目で見ながら、じっとこらえていた頼朝のもとに以仁王《もちひとおう》の令旨《りょうじ》が届き、頼朝は平家打討に起つ覚悟をした。時政もこれに乗っかって息子たちとともに兵を挙げた。**賽《さい》は投げられた**、のだ。

まず倒したのは、山木兼隆。かつて時政が政子を嫁がせようとした平家の代官だ(笑)。これは奇襲攻撃で簡単に勝利した。ところが次の「石橋山《いしばしやま》の戦い」では平家の大軍に惨敗を喫する。時政の長男宗時《むねとき》は討ち死にし、頼朝も絶体絶命のピンチに陥るが、梶原景時《かじわらかげとき》の目こぼしによって奇跡的に助かった。

頼朝は安房《あわ》に逃れ、態勢を立て直した。時政は甲斐国《かいのくに》（現在の山梨県）に赴き、武《たけ》田信義《だのぶよし》ら甲斐源氏と合流して勢力を増し、頼朝と合流した。

その後は順調に味方を増やし、勢いに乗った源氏軍は西進していく。そして源平合戦はクライマックスを迎え、頼朝の異母弟である範頼《のりより》や義経《よしつね》の活躍で平家は滅んだ。その後は、源氏同士の骨肉の争いが起き、義経・範頼らを倒して、頼朝が最後の勝者となった。

時政は賭けに勝った。頼朝は征夷大将軍《せいいたいしょうぐん》となり、鎌倉幕府を創設したのだ。ところが、この時期、時政はあまり表舞台に出てこない。寄る年波も相まってか、鎌倉でお寺を建てたり仏像を作ったりと、地味なことをしていた。

◆「富士の巻狩」での頼朝暗殺未遂——その陰には時政が!?

建久《けんきゅう》四年（一一九三）に日本三大仇討《あだう》ちの一つである「曾我《そが》兄弟の仇討ち」が起きた（あとの二つは「赤穂浪士《あこうろうし》の討ち入り」と「伊賀越《いがごえ》の仇討ち」）。

これは、頼朝が行った大規模な軍事訓練「**富士の巻狩《まきがり》**」の際に、曾我祐成《すけなり》と時致《ときむね》兄弟が、父親の仇《かたき》である工藤祐経《くどうすけつね》を討った事件なんだ（巻狩とは、狩場を大人数で囲い、獣を中に追い詰める狩猟法。軍事訓練や神事としても行われた)。そして、祐経を討ったあと、**弟の時致はさらに頼朝を襲った。**

頼朝暗殺は未遂に終わるが、なぜ時致は頼朝の命まで狙ったのか、謎が残った。

実は、この事件の**黒幕は時政**だという説がある。

狩場や宿所を設営したのが時政であるうえに、時政は曾我兄弟の後援者だった。曾我兄弟に仇討ちの手引きをすると同時に、その混乱に乗じて頼朝を亡き者にしようとした暗殺未遂事件ではないか、というのだ。

流人であった頼朝が、今や征夷大将軍となり、武家の頂点を極めたのに対して、それを後ろから支えた自分はたいした役ももらえない。不公平ではないか……時政の心中を察するに、相当な葛藤《かっとう》があり、嫉妬《しっと》心が渦巻《うずま》いていただろう。

◆ターゲットは比企一族——他氏排斥への号砲

建久十年(一一九九)に頼朝が急死した。

頼朝の死については、落馬説、糖尿病説、亡霊説、暗殺説など諸説がある。

頼朝の死後、嫡男の頼家が二代将軍になったが、「暗君《あんくん》」の烙印《らくいん》を押され、わずか三カ月後には「十三人の合議制」に移行し、時政は嫡男の義時とともに名を連ねた。

ここから、**北条氏による他氏排斥《たしはいせき》**が始まる。

まず、讒言癖《ざんげんへき》があり、多くの御家人《ごけにん》から憎まれていた侍所別当《さむらいどころべっとう》（御家人の統率と警察の任にあたる機関の長官）の**梶原景時**がターゲットになった。六十六人もの名を連ねた連判状で弾劾《だんがい》を受けて失脚。鎌倉から追放されたのち、討たれて一族もろとも滅びた（「梶原景時の変」）。

次なる敵は**比企能員《ひきよしかず》**だ。

二代将軍頼家の妻は能員の娘（若狭局《わかさのつぼね》）だった。頼家が次の将軍として息子の一幡《いちまん》を指名してしまうと、比企能員が外戚《がいせき》（一幡の祖父）となって権力を握ることになる。時政としてはそれを避けるために、孫である実朝《さねとも》を将軍に就《つ》け、外戚として実権を握る計画を立てた。

邪魔者は消す。ターゲットは能員と頼家、そして一幡を擁《よう》する比企一族だ。

◆謀略によって二代将軍を廃し、ライバルを滅ぼす！

ここからは史実ではなく、ボク慈円《じえん》が推理した時政の計画と行動を記していこう。

①まず、頼家に毒を盛って殺害する。

②将軍頼家の持つ権利を、一幡と実朝に半分ずつ与える決議を行う。

③頼家が死んだことを朝廷に奏上し、実朝を征夷大将軍に任じてもらう。

これらをすべて電光石火の早業《はやわざ》で行ったのだ。

三代将軍の座をめぐる争い

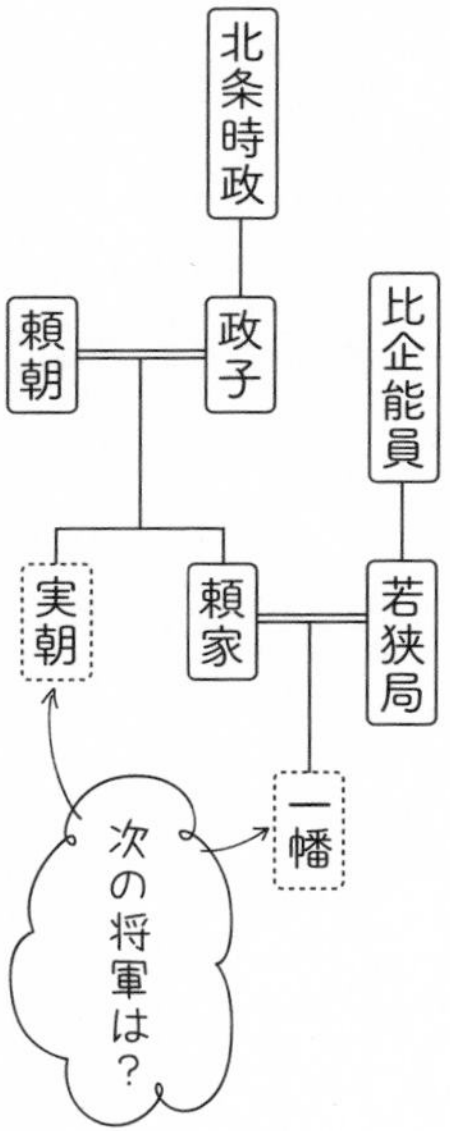
北条時政
頼朝
政子
比企能員
実朝
頼家
若狭局
一幡
次の将軍は？

しかも毒を盛って頼家が重態に陥っている間に、有無をいわさず②と③を実行に移した。

これに対して怒ったのは能員だった。病に伏す頼家のもとに向かい、この事態を告げ、「時政追討」の下知《げじ》を決断してもらった。ところが、この密議を政子に盗み聞きされ、時政に知らされてしまう。

時政は、さっそく先手を打って能員を自邸に呼び出して謀殺した。そして、すぐさま手勢を差し向けて一幡を含む比企氏をすべて滅ぼしてしまった（「比企能員の変」）。

奇跡的に快復した頼家はこれを知って怒り悲しむが、なすすべはない。すでに将軍を廃されていた頼家は出家させられ、伊豆修禅寺《しゅぜんじ》へと追放された。そしてまもなく（おそらく時政の差し向けた刺客《しかく》によって）無残に暗殺されてしまった。

『吾妻鏡』に書かれている能員と頼家の密議や、それを政子が聞いていたというくだりは、すべてでっち上げだといわれている。

つまり頼家は謀略によって将軍を廃されてその後暗殺され、比企一族は濡《ぬ》れ衣《ぎぬ》を着せられて全滅させられたわけだ。

時政、恐るべし。

◆実朝を〝人質将軍〟に！　目に余る専横政治

最大のライバル比企氏を滅ぼした時政は、まだ十二歳の実朝を三代将軍に擁立《ようりつ》し、自邸に迎えて実権を握った。人質将軍だ。

時政自らが将軍に代わって御家人たちの所領安堵《あんど》以下の政務を行い、政所別当《まんどころべっとう》（幕府の財政と訴訟を扱う機関の長官）に就任した。時政が初代執権に就いたとされるのは、こうした時政の専横政治が確立したことによる。

頼朝が伊豆に流人としてやってきてから、約四十年の歳月が流れていた。ここに時政の野望は結実した。**ついに幕府の実質ナンバーワンの座に君臨したのだ。**

ところが、好事魔多し。

時政は、後妻である牧《まき》の方《かた》との愛におぼれてしまった。

この女性、頼朝の浮気を政子にチクって大騒動になるきっかけを作ったりするなど

（121ページ参照）、何かとお騒がせなタイプだった。

それくらいならまだかわいいものだが、時政との間に子供が生まれると、その子を跡継ぎにしようと考えた。

しかし、二人の間に生まれた唯一の男の子を病気で亡くしてしまったので計画変更。娘の婿で武蔵守《むさしのかみ》だった**平賀朝雅**を「将軍」に据《す》えようとした。朝雅の父は頼朝に重用された人物、母はあの比企尼《ひきのあま》（207ページ）の三女。さらに平賀氏は源氏一門と同格の扱いを受けていたので、朝雅は家柄的に将軍になることは可能だった。

とはいえ、取って付けたような感は否めない。時政も、とんでもない女性を後妻にしたもんだ。

「平賀朝雅将軍計画」として、まず牧の方は**畠山重忠**《はたけやましげただ》を亡きものにしようと画策した。重忠は時政の娘婿だったが、牧の方にとっては同じ娘婿である朝雅のライバルになる。そこで時政に讒言して謀反の罪を着せ、殺してもらったのだ（「畠山重忠の乱」。88ページ参照）。

この時、時政に命じられて重忠を討った義時だったが、義弟にあたる重忠の死後、彼が無実であることを知った義時は、父時政を激しくののしった。そして父の背後に

畠山重忠を亡きものにしようと画策し……

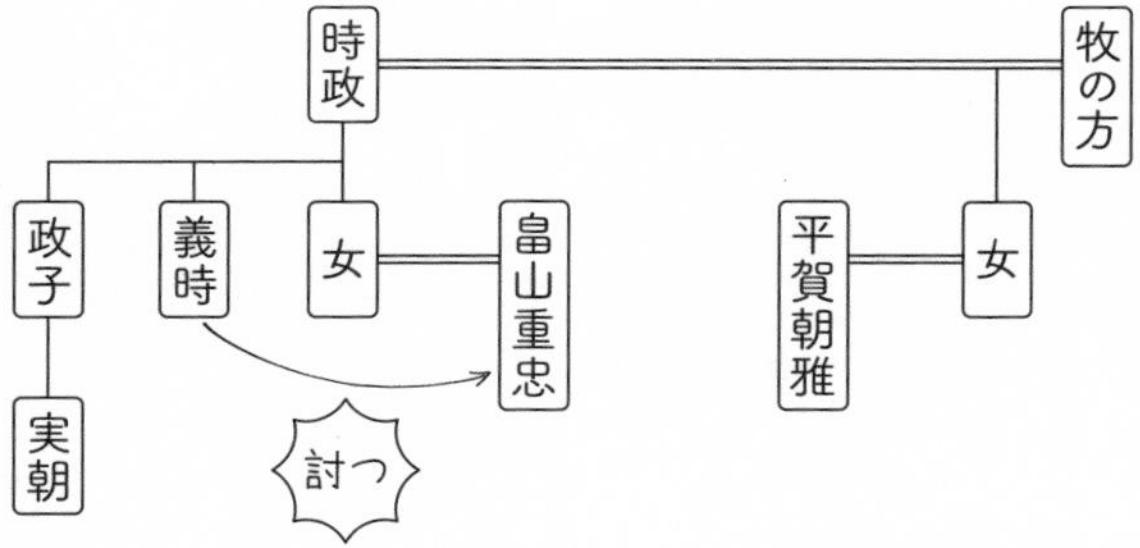

後妻の牧の方がいることを嗅ぎ付けた。

一方、牧の方の言いなりになっている時政は、いよいよ本丸とばかり、将軍の実朝を殺害し、朝雅を新将軍として擁立しようとした。しかし、この陰謀はすでに義時にバレていた。

陰謀を事前に知った義時は政子に協力を仰ぎ、まず時政邸にいた実朝を義時邸に迎え入れて保護した。次に、この事情を説明して御家人の大半を味方に引き入れた。

牧の方と時政の陰謀は未然に防がれ、完全に失敗した。

幕府内で完全に孤立無援状態に陥った時政と牧の方は出家し、鎌倉から追放されて伊豆国の北条（現在の伊豆の国市）で幽閉生活を送ることになった。朝雅は幕府の命によって殺された（「牧氏事件」）。

時政は二度と政治の表舞台に立つことはなく、十年後、腫物《はれもの》のため北条の地で没した。享年七十八。波瀾万丈の一生、そして最後には鎌倉から追放されてしまった時政だったが、畳の上で死ねたことは、この時代にあっては幸せなことだったといえるだろうね。

◆なぜ北条氏の子孫は時政を「初代執権」と認めないのか？

時政は初代執権と認定されることが多いけど、北条氏の子孫は、執権の初代は義時だとしている。時政は、無実の罪を着せて畠山重忠を殺したり、「牧氏事件」で実朝暗殺未遂を起こしたりして晩節《ばんせつ》を汚しているので、子孫からするとあまり誇りたい先祖ではなかったようだ。

特に、時政の孫で名執権と呼ばれた泰時《やすとき》は、頼朝・政子・義時らを祖廟《そびょう》に祀《まつ》り、参《さん》詣《けい》を欠かさなかったが、**時政に対してだけは仏事を行わなかった**という。

ちなみに、時政亡きあと、牧の方は京都にいた娘夫婦のもとに身を寄せた。時政の十三回忌を行った時の様子が、藤原定家《ふじわらのていか》の書いた日記『明月記《めいげつき》』に記されているけど、牧の方の贅沢《ぜいたく》な振る舞いを見た定家は怒りを抑えきれず、

「ただ惘《あき》れるよりほかはない」

と、激しい非難の言葉を並べている。

牧の方は懲《こ》りない性格の持ち主、相当に図太い女性だったようだ。

北条義時は源氏将軍家を滅ぼした「逆臣」か、それとも――

北条義時
父を追放したり
ワー
承久の乱で三上皇を配流したことで
「不忠の臣」と呼ばれているけど
ヒー
後鳥羽
ウー
順徳
イヤー
土御門
武士が朝廷を支配下に置けたのは彼のおかげ
フン
「義時の最期は見事な往生だった」といわれているのは北条氏にべったりの『吾妻鏡』の情けだろう
いい感じに書いとくね
吾妻鏡

鎌倉幕府第二代執権、**北条義時**の評判はすこぶる悪い。**「不忠の臣」「逆臣」「暴君」など呼ばれ、腹黒い策略家**として描かれることが多かったんだ。

その理由はいくつも挙げられる。

北条氏は主家である源氏将軍家を三代にして滅ぼし、ライバルたちを次々に粛清《しゅくせい》して実権を握った。また義時に至っては、「承久《じょうきゅう》の乱」において天皇を廃し、三上皇を配流《はいる》するという暴挙に出ている。さらにいえば、実父の時政まで追放しているのだから「不孝」まで加わる。ここまでくると完璧にヒール役だ。

そんな義時だけど、没後に成立している『古今著聞集《ここんちょもんじゅう》』には、八幡神《はちまんしん》の命を受けて世直しをした**武内宿禰《たけうちのすくね》の生まれ変わりだ**という話が載っている。

武内宿禰というのは、「記紀」（『古事記』と『日本書紀』）によると第八代孝元《こうげん》天皇の子孫で、約三世紀（！）にわたって五代の天皇に仕えたという伝説の忠臣。最低でも二百八十歳から、最高で三百六十余歳まで生きたという、とてつもない記録の持ち主なんだ。

ちなみに武内宿禰は、第二次世界大戦以前に発行されていたお札（一円札・五円札など）の図柄になっていた有名人で、豊かな白髭《しらひげ》を蓄えた堂々たる人物だった。義時が、武内宿禰のような伝説の忠臣の転生とされていた時代もあったんだね。

不忠の臣なのか、それとも本当は忠臣なのか、義時の人生を見ていこう。

◆一族の存亡を懸けた戦い——運命は義時に味方した

義時は北条時政の次男として生まれた。十五歳の頃に、六つ年上の姉政子が伊豆の流人だった源頼朝の妻となったことで、北条氏の運命が大きく変化した。

時政は、娘婿の頼朝の挙兵に運命のすべてを懸けて、行動をともにした。でも、「石橋山の戦い」で平家方に敗れて敗走する。その時、長男の宗時は父時政と別行動を取り、武運に見放されて戦死した。一方、次男の義時は父と行動をともにし、命からがら逃れ得た。

一族の存亡が懸かった時、棟梁と嫡男とが行動を別にすることは、やむを得ない措置なんだ。一方が討たれても、もう一方が生き残ることで、一族存続の可能性が残されるという考え方だ。ともかく、**生き残った次男の義時が北条氏嫡流を継承することになった**のだから、運命のいたずらとしかいいようがない。

その後、勢力を盛り返した頼朝は、東国武士の力を結集して次々に平家軍に勝利していく。源平合戦は源氏の勝利に終わり、平家は滅んだ。

そうした中、義時は平家追討軍に参加したり、「奥州合戦」に従軍したりして次第に頭角を現していく。

◆「十三人の合議制」——血で血を洗う抗争へ突入！

建久十年（一一九九）一月十三日、頼朝は五十三歳で没した。

頼朝の跡を継いで二代目の将軍となった頼家だったけど、将軍独裁は抑えられ、**「十三人の合議制」**が行われることになった（192ページ参照）。

この中に、時政・義時親子は当然のように列した。

「十三人の合議制」のメンバーは、大半が幕府の草創期に活躍した人たちだった。「宿老《しゅくろう》」（＝古参の臣）といえば聞こえはいいものの、すでに年寄り。平均年齢は六十歳を超えている。三十代は義時一人だった。北条氏としては、**時政がまず実権を握り、そのあと義時に譲る**、という目算だったに違いない。

頼朝亡きあと、幕府の実権を握りたい時政・義時親子は、さまざまな手段を使ってライバルを滅ぼしていった。御家人同士の血で血を洗う抗争の時代に突入だ。

まず、前項で述べたとおり、比企氏の勢力が拡大することを恐れた北条氏は、頼家の息子一幡と比企一族を葬り去り、頼家を将軍の座から引きずり下ろした。頼家暗殺に関しては北条氏が手を下したという確証はないんだけど、まず間違いないだろう。

そして三代将軍にまだ十二歳の実朝を立て、初代執権となった時政が実権を握るに至った。

◆父の時政を隠居に追いやり「独裁」へとひた走る

元久《げんきゅう》二年（一二〇五）に畠山重忠の謀反が発覚したとして、時政が義時に重忠の討伐を命じた。

重忠は知勇兼備で頼朝に忠誠を尽くす「坂東《ばんどう》武士の鑑」と評されていた人物で、さらに義時の義弟でもあった。義時は重忠が謀反を起こすはずはないと反対したが、父の命には逆らえず重忠討伐に向かった。

義時率いる大軍に追い詰められた重忠は、死の直前に**「私の心が正しければ、この矢に枝葉を生じて繁茂《はんも》させせよ」**と神に願って二本の矢を地面に突き刺した。するとその矢は、そのまま根付いて毎年二本ずつ増えていき、「さかさ矢竹」と呼ばれるようになったという。

重忠は謀反の心など持っていなかったんだ。享年四十二。

重忠の謀反は、時政による「濡れ衣」だと判明した時、義時は父時政を糾弾《きゅうだん》したが、後の祭りだった。

前述したとおり、時政の後妻牧の方は、夫の時政が初代執権となるだけでは満足せず、二人で幕府の実権を完全に握りたいと考えていた。将軍実朝を廃し、娘婿の平賀朝雅を新将軍として擁立して幕政の実権を掌握しようとしたんだ。

しかし、「畠山重忠の乱」の真相を見抜いた義時と政子がこの陰謀に気づき、二人は先手を打って実朝を保護し、多くの有力御家人を味方に引き入れた。計画が頓挫《とんざ》し、孤立無援の状態になった時政と牧の方の二人はやむなく出家し、伊豆の北条の地で隠居することになった。

こうして義時が二代目の執権に就任し、幕府内に確固たる地位を築いていくことになる。そして、最後のライバル和田義盛《わだよしもり》を滅ぼした（「和田合戦」）ことで、御家人間の血で血を洗う抗争の時代は終わり、義時が独裁色を強めていく。

◆実朝暗殺！　怪しすぎる義時の行動

建保《けんぽう》七年（一二一九）一月二十七日、三代将軍実朝が、右大臣拝賀のため鶴岡八幡《つるがおかはちまん》宮《ぐう》に詣でた際に、二代将軍頼家の子の公暁《くぎょう》によって暗殺される事件が起きた。

この日、拝賀に向かう行列で、実朝の後ろに続いて御剣《ぎょけん》を持す役目をしていたのは義時だった。ところが八幡宮の楼門《ろうもん》を入ろうとした時、急に「心神違例《しんしんいれい》」（＝めまい）がして役が務まらなくなり、文章博士《もんじょうはかせ》の源仲章《なかあきら》と交代した。

そして儀式が終わった帰り道、仲章は義時と間違われて公暁に殺された。義時は自邸に帰っていて九死に一生を得た、というのだ。

暗殺直前に「心神違例」が起きて難を逃れた義時。あまりにもラッキー過ぎる。

この暗殺事件で得をするのは誰かと考えた時、義時その人が浮かび上がってくる。こうして実朝暗殺の**「義時黒幕説」**が唱えられたんだけど、真相は闇の中だ（154ページ参照）。

いずれにせよ実朝は殺され、たった三代で源氏将軍は終わりを告げた……。

急いで新将軍を立てるため、幕府は後鳥羽《ごとば》院の皇子を皇族将軍として迎えたいと要請したが、後鳥羽院は断固拒否。

義時が暗殺を免れたのは、薬師如来に仕える十二神将のうちの戌神のお告げのおかげとも

仕方なく幕府は皇族将軍を諦め、頼朝の遠縁にあたる摂《せっ》関《かん》家の三寅《みとら》（のちの藤原頼《より》経《つね》）を将軍に迎えた。

三寅はまだ二歳の幼児だったため、**政子が後見となり鎌倉殿の地位を代行する**という離れ業《わざ》に出た。そして、鎌倉幕府の運営は、執権義時が行った。

◆最大の難局「承久の乱」——驚愕の三上皇配流！

この将軍後継問題で、朝廷（後鳥羽院）と鎌倉幕府（義時・政子）の対立が明らかになった。**後鳥羽院は一気に勝負に出た。**北条氏打倒と倒幕だ。

承久《じょうきゅう》三年（一二二一）五月十五日、後鳥羽院は「執権義時追討の院宣《いんぜん》」を下して倒幕の兵を挙げた。

後鳥羽院挙兵の報を聞いた鎌倉の御家人たちは動揺した。朝廷に対して弓を引くことは、当時の武士たちにとって畏《おそ》れ多いことだったのだから。

鎌倉幕府は開闢《かいびゃく》以来、最大の難局に直面した。

その時立ち上がったのが、尼将軍《あましょうぐん》政子だ。政子は御家人たちを前に**「最後の詞《ことば》」**と称する有名な演説（126ページ参照）を行った。その演説で結束を固めた御家人たちは、総勢十九万の大軍となって都へ攻め上ったんだ。

義時追討の院宣からわずか一カ月後、幕府軍は京都防衛線を突破して京都を制圧した。完勝だった（「承久の乱」）。

敗北した後鳥羽院は、さすが狸だった。倒幕計画は近臣《きんしん》が勝手にやったもので、自分は無関係だとしらを切ったんだ。「日本国第一の大天狗」と呼ばれた祖父後白河院《ごしらかわ》の血を間違いなく継いでいるね。

ところが、そうは問屋《とんや》が卸《おろ》さない。義時は朝廷の二枚舌には慣れていた。上皇だろうが天皇だろうが厳罰に処した。

後鳥羽院（上皇）は隠岐《おき》、順徳《じゅんとく》上皇は佐渡《さど》へ配流。土御門《つちみかど》上皇は自ら土佐《とさ》へ流れていった。そして仲恭《ちゅうきょう》天皇を廃して新たに後堀河《ごほりかわ》天皇を立てた。

また、後鳥羽院の所領と院に味方した貴族・武士たちの所領をすべて没収し、東国武士たちに恩賞として与えた。

こうした朝廷に対する前代未聞の厳しい処分によって、尊皇《そんのう》を重んじた明治時代の教育において義時が悪者として教えられたため、この項の冒頭に記したように義時の評判が悪いのは、仕方がないところだろう。

しかし、この勝利により従来からの立場を逆転させ、鎌倉幕府が朝廷に対して支配的立場に立つことができたんだ。

◆「得宗専制体制」の礎を築いて見事に往生

　義時が別名「得宗《とくそう》」（「徳宗」とも）と呼ばれたことから、北条氏の嫡流のことを「得宗」と呼び、五代執権時頼《ときより》以降、執権・連署《れんしょ》・評定衆《ひょうじょうしゅう》など幕府の要職が北条氏一門によって占められる**得宗専制体制**へと移行していった。

「承久の乱」から三年後。元仁《げんにん》元年（一二二四）六月十二日、義時は突如発病した。義時は、急遽《きゅうきょ》出家して「南無阿弥陀仏《なむあみだぶつ》」を称《とな》え続ける中、翌日六十二歳で急死した。『吾妻鏡』によれば、持病の脚気《かっけ》に加えて霍乱《かくらん》（急性胃腸炎か？）を併発して重態に陥ったとされるが、後妻に毒殺されたとする説や、家臣や近習《きんじゅ》の小侍《こざむらい》に刺し殺されたとの説もある。

「義時は胸の上で指を交互に組み、合掌《がっしょう》した姿のままの静かな最期、見事な往生であった」……と書かれているのは、**北条氏べったりの『吾妻鏡』のせめてもの情け**だろう。

「北条氏中興の祖」が最初の武家法典に込めた「思い」とは？

北条泰時は、**「北条氏中興《ちゅうこう》の祖《そ》」**といわれる。父義時の跡を継いで第三代執権となった。伯母の政子や叔父の時房《ときふさ》（義時の弟）、大江広元《おおえのひろもと》らの協力を得ながら十九年にわたって執権を務め上げ、日本における最初の武家法典**「御《ご》成敗式目《せいばいしきもく》」**を制定している。

飢饉の際に税を免除したり、自ら質素倹約を旨《むね》とした生活を送ったりした泰時のことを、仏教説話集の『沙石集《しゃせきしゅう》』は「まことの賢人である」と称賛しているんだ。まさに聖人君子、鎌倉武士の鑑（……う〜ん、本当だろうか!?）。

若い時は、父義時の陰に隠れて、ちょっと存在感が薄かった泰時。だけど、承久三年（一二二一）に起きた「承久の乱」に際して、泰時は幕府軍の総大将として大軍を率いて上洛し、後鳥羽院の軍を破ったんだ。その時、泰時は三十九歳になっていた。

乱後、京都の六波羅《ろくはら》にあった旧平清盛《たいらのきよもり》邸の跡地に**「六波羅探題《たんだい》」**を設置した。これは西国御家人の統括と朝廷監視を行う幕府出先機関なんだけど、探題の長は、のちに執権・連署に次ぐ重職とみなされるようになる。

その六波羅探題の北方《きたかた》に就任したのが泰時、南方《みなみかた》には叔父の時房が就任した。ちなみに、北方のほうが上席のポストだ。この二人、甥《おい》と叔父の関係なんだけど、水面下で権力争いがあったようだ。

◆なぜ泰時は〝権力争いの愚〟を封じられたのか

貞応《じょうおう》三年（一二二四）六月、父義時が急死した。

泰時は政子の後見のもと、家督を相続して四十二歳で第三代執権となる。遅咲きながら、ここから泰時が真骨頂《しんこっちょう》を発揮し始める。

泰時の政治体制の特色は、集団指導制、合議政治を打ち出したこと。

泰時は、当時最長老だった叔父の時房を執権に次ぐ地位の連署に就任させ、有力御家人と事務官僚などからなる「評定衆」を選んで評定会議を新設し、幕府の最高機関とした。

年齢や経験などからいって時房が執権になる可能性もあったんだけど、そこは権力争いの愚《ぐ》を犯さず、義時の嫡男だった泰時が執権となり、時房がナンバーツーの連署となることで互いに妥協し、政子や大江広元なども含めて協力体制を取った。

「権力争い」を逃れた北条家

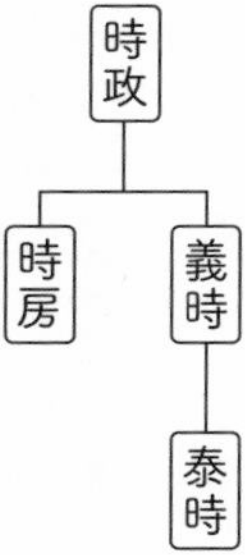

評定衆を取りまとめる役目として、ここで初めて「執権」という役職が設置されたという説がある。

『吾妻鏡』では、時政を初代、義時を二代目の執権としているんだけど、これはあとから遡《さかのぼ》ってこの二人を執権と呼んだ可能性が高い。

◆北条氏が幕府の「番頭」の地位に甘んじた決定的理由

嘉禄《かろく》元年（一二二五）、大江広元と政子が続けざまに世を去った。補佐役と後ろ盾《だて》とを一気に失ってがっくりの泰時だったけど、同時に、やっと独自の方針でのびのびと力を発揮できるようになったのも事実だろう。

三代将軍実朝の暗殺後、摂関将軍として京から迎えていた藤原頼経が元服し、嘉禄二年（一二二六）、正式に征夷大将軍となった。すでに「鎌倉殿＝征夷大将軍」は実権を奪われて名目上の存在になっていた。でも、泰時はあくまで将軍に従属する形を取って主従関係を保ったんだ。

表に将軍を立てて裏で操る、という二重構造を取ったのが泰時の執権政治だ。主人である将軍を意のままに操り、何か問題があれば責任を取らせてスゲ替える。

賢いやり方ではあるものの、これは同時に北条氏の限界ともいえる。実質的な支配者でありながら、ついに鎌倉幕府が滅亡するまで自ら将軍にはならなかった。いや、「なれなかった」というほうが正しい。

それは、本来御家人に過ぎない北条氏の「家柄の低さ」が原因だと考えられる。初代時政は桓武平氏の子孫と称していたけど、実はそれは嘘だろう。時政以前の出自が不明なんて、怪しすぎる。**家柄ロンダリング確定**だ。

天皇が「神」の子孫であるように、将軍になるにも正統な血筋が必要であり、北条氏にはその資格がなかったんだね。

だから幕府の「番頭」の地位に甘んじながら、実質的にはすべてを支配する、という執権政治を行ったわけだ。

〝公正な裁判〟をする基準――「御成敗式目」の制定

五十歳を迎えた泰時に最後の大仕事が待っていた。**日本における最初の武家法典、全五十一条からなる「御成敗式目」の制定**だ。

「承久の乱」以降、鎌倉幕府の力は西国に及び、新たに任命された地頭《じとう》と旧来からの荘園領主や在地住民の間で、さまざまな紛争が起きていた。これまでは頼朝の頃の「先例」や武士の実践道徳である「道理」に基づいて裁判をしてきたんだけど、さすがにそのやり方では限界があり、一定の基準で裁く必要が生じてきた。

そこで執権泰時を中心とし、連署の時房および評定衆たちが案を練って協議のうえ編纂を進め、貞永《じょうえい》元年（一二三二）八月、全五十一条からなる幕府の新しい基本法典「御成敗式目」（元号から「貞永式目」とも）が完成した!!

記念すべき日本初の武家法典が「五十一」条であるのは、十七の三倍、つまり**聖徳《しょうとく》太子《たいし》（厩戸皇子《うまやどのおうじ》）が作ったとされる「十七条憲法」に由来する**んだ。

泰時は式目の目的について、「都では『馬鹿な東夷《あずまえびす》どもが何を言うか』と笑う人がいるかもしれないが」と前置きしたうえで、「漢字も知らない田舎武士のために、えこ贔屓《ひいき》なく公正な裁判をする基準として作ったのがこの式目である」と手紙に書いている。式目に懸ける泰時の思いがよくわかるね。

仁治《にんじ》三年（一二四二）五月、泰時は病を得て出家し、その一カ月半後に死去した。高熱に苦しみ、さながら平清盛の最期のようにもだえ苦しんで死んだ。享年六十。**「承久の乱」で配流された三上皇の怨霊《おんりょう》による祟《たた》りではないか**、と噂されたという。

コラム

大事件！「承久の乱」圧勝で北条一門の執権政治は盤石に

鎌倉幕府は各地に地頭を配置し、それまで朝廷や貴族の経済的な基盤になっていた荘園からの租税を奪いにかかった。平安時代、「受領《ずりょう》は倒るるところに土を摑め」といわれるくらい強欲だった受領から、今度は「地頭は転んでもただでは起きぬ」といわれた同じく強欲な地頭に変わったわけだ。いずれにせよ、搾取される側の農民はつらいね。

まだ「東国は鎌倉幕府、西国は朝廷」という二元政治ではあったものの、**経済的基盤が失われていく先細りの状況に、院政を敷いていた後鳥羽院は焦り始めた。**

そんな時、三代将軍実朝が公暁に暗殺されたという知らせが届いた。「清和《せいわ》天皇」を祖とする「源氏将軍」の血筋が途絶えた今こそ、武力を以《もっ》て幕府を倒すことができる……後鳥羽院はしめしめと思ったに違いない。

※後鳥羽院の「院宣」よりパワフルだった尼将軍の演説

実朝亡きあと、幕府は朝廷に「皇族（親王）将軍」を求めてきたんだけど、後鳥羽院はそれを拒否。**倒幕する千載一遇《せんざいいちぐう》のチャンス!!** とばかりに、承久三年（一二二一）五月十四日、「流鏑馬揃え《やぶさめぞろえ》」と称して西国を中心とした武士を集めると、翌十五日、北条義時追討の院宣を下した。

当初、後鳥羽院陣営はイケイケだった。伝家の宝刀、「**院宣**」**の力は絶大で、多くの武士たちが自分の味方に付くに違いない**と読んでいた。実際、この院宣のことを知ると、幕府の御家人たちの間に動揺が走った。院と戦うということは「朝敵《ちょうてき》」になるからだ。

彼らを落ち着かせたのは、初代将軍頼朝の妻北条政子の名演説だった（126ページ参照）。亡き頼朝から受けた恩について語る演説は、次のように締めくくられた。

「朝廷側に付こうと思う者があれば、ただ今はっきりと申し出なさい」

こう脅《おど》されちゃあ、やるしかない。武士たちは涙し、命を懸けて鎌倉殿の恩に報いんと心の中で誓うのだった。

……というのも一面の真実だけど、「幕府が倒れると、自分の大事な所領の保証（本《ほん》領《りょう》安堵）がなくなってしまうので困る」というのが本音だろう。

「**一生懸命**《いっしょうけんめい》」と書くこともある四字熟語は、元来「**一所懸命**《いっしょ》」と書き、「武士が賜った『一箇所』の領地を命懸けで守り、その土地に根差して生活していくこと」を意味していた。**本領を安堵してくれた「鎌倉殿」のためには命を賭して戦う。**「御恩《ごおん》と奉《ほう》公《こう》」、これこそが武家社会の基本理念だった。

「一所懸命」になって一致団結した鎌倉武士たちは強いぞ!!

❋あっけなく幕府方の完全勝利

早速、軍議が開かれた。朝廷方を箱根・足柄《あしがら》で迎え撃つ慎重論に対し、意外にも文官である**大江広元が京への積極的な出撃を主張**した。広元は元々朝廷に仕えていたので京の事情に詳しく、後鳥羽院に味方する者が少ないことを見抜いていたんだ。

政子の決断で出撃策が取られ、東海道・東山道《とうさんどう》・北陸道の三ルートに分かれて京を目指すうち、当初数十騎に過ぎなかった軍勢はみるみる拡大し、最終的には三道合わせて約十九万にまで膨れ上がった（ちょっと話を盛ってますby『吾妻鏡』）。

幕府の進撃に慌てた朝廷方は、美濃国《みののくに》（現在の岐阜県）と尾張国《おわりのくに》（現在の愛知県）の国境付近にある木曽川に防衛線を敷いたものの、わずか一日で突破される。最終決戦の地として京の宇治川《うじがわ》で迎え撃つも、幕府方に強引に川を渡られ、なすすべはなかった。

後鳥羽院の読みは甘かった。院宣の力はもはや通用せず、朝廷に与《くみ》した武士の数はわずか数千に過ぎなかった。しかも、統率する人もなく烏合《うごう》の衆……。

幕府軍は、あっという間に京を制圧した。院宣からわずか一カ月。こうして「承久の乱」は鎌倉方の完全勝利に終わった。

❊歴史が動いた「前代未聞」の結末

幕府方による戦後処理は、厳しいものだった。

首謀者である後鳥羽院（上皇）は隠岐へ、順徳上皇は佐渡へ、土御門上皇が土佐（のち阿波《あわ》）へとそれぞれ流された。**三上皇が配流されるなんて、前代未聞の出来事だ。**

また、後鳥羽院の傀儡《かいらい》だった仲恭天皇（当時四歳）は廃位され、後継として後鳥羽院の兄の子が後堀河天皇として即位した。要するに後鳥羽系が排除されたんだね。

さらに、後鳥羽院らが有していた荘園をすべて没収し、これらの地に「新補《しんぽ》地頭」として御家人たちを配した。

これにより、それまでは東国中心だった鎌倉幕府の影響力が、全国に拡大していくことになったんだ。

「承久の乱」後、幕府方の総大将を務めた北条泰時と叔父の北条時房は、そのまま京に留まり、旧平清盛邸に「六波羅探題」を設置した。ここでは乱後の処理や西国の御家人の統括、朝廷の監視が行われ、幕府の重要な機関となっていく。

「承久の乱」によって、武士と朝廷の力関係は完全に逆転した。**朝廷は幕府へ従属し、皇位継承についても幕府が管理・統制するようになった。**名実ともに幕府が日本を統治することになったんだ。

この関係は、江戸時代が終わるまで約六百五十年間も継続していくこととなる。

その意味で、後鳥羽院の起こしたこの「承久の乱」は、歴史上の一大転換点といえるんじゃないかな。

北条氏の栄光に隠された「悲劇の一族」

頼朝が伊豆に配流された時、北条時政とともに監視役を仰せつかった**伊東祐親**という在地豪族がいたことは前述したとおり。

頼朝をめぐって、北条氏と伊東氏とは対極の位置取りをすることになる。

娘の政子と頼朝が結ばれたことで、平家を裏切り、頼朝を支援した北条時政。一方、それより前に娘の八重姫と頼朝が結ばれたにもかかわらず、二人の仲を引き裂き、あくまで平家方に付いて頼朝を殺そうとした伊東祐親。

のちに時政が鎌倉幕府の初代執権となり、それが息子の義時へと受け継がれ、北条氏が鎌倉幕府の中枢《ちゅうすう》を担っていったのとは対照的に、頼朝との戦いに敗れた祐親は自決し、伊東氏は没落する。なんて真逆な一族の歴史なんだろう。

でも、実は義時は時政と祐親の娘との間の子供だ。となると、鎌倉幕府の実権は、北条氏と伊東氏の二つの血で握られていたといっていい。

光と影、太陽と月、北条氏と伊東氏。

ここでは、鎌倉幕府の陰の主役ともいえる伊東祐親について話していこう。

◆北条時政・義時と対極の運命を歩んだ伊東祐親・祐清親子

伊東祐親の祖父祐隆《すけたか》は、藤原不比等《ふひと》の長男を祖とする藤原南家の流れを汲《く》む名門の工藤《くどう》氏だったが、開発した土地「伊東荘《いとうのしょう》」の名を取って伊東氏を名乗った。当時は所領の土地の名を名乗るのが普通だったんだ。

伊東氏となって三代目の祐親は、親平家方の豪族として、「平治の乱」に敗れて伊豆に配流された源頼朝の監視を任された。

ところが、**美人の誉れ高かった娘の八重姫が頼朝と大恋愛をしてしまう。**

頼朝の監視役だった祐親にとって、娘の八重姫が頼朝と結ばれることは、あってはならないことだった。しかし、大番役で京都に赴任している三年の間に二人は恋仲になってしまい、帰郷した時には子供まで生まれていたんだから、コトは重大だ。祐親は激怒し、まだ三歳だった千鶴丸《せんづるまる》を簀巻《すま》きにして川に沈めた。**柴《しば》で包み、重りを付けて水底に沈める「柴漬《ふしづけ》（臥漬）」という処刑法**だった。なんて残酷な……。

八重姫は別の男に嫁がせた。残るは頼朝……殺すしかない。

ところが頼朝は助かった。

祐親の息子祐清《すけきよ》が、頼朝に身の危険が迫っていることを知らせてくれたからだった。祐清は頼朝の乳母《めのと》である比企尼の娘と結婚していて、頼朝に近侍《きんじ》し、歳も近く仲が良かったんだ。

「自分の烏帽子親《えぼしおや》（元服の際、烏帽子を被《かぶ》せる人物）である時政のところへ行け」と助言してくれたのも祐清だ。おかげで頼朝は助かり、それどころか時政の娘の政子と結ばれることになる。運命のいたずらとはいえ、祐清の果たした役割は大きかった。

その後、平家方として戦った祐親と祐清父子は、頼朝軍に捕らえられた。頼朝は恩赦《おんしゃ》を出したんだけど、祐親はかつて千鶴丸を無残な方法で殺したことに罪の意識を持っていたのだろう、「以前の自分の行いを恥じる」と言って潔く自害した。

頼朝としては、恩のある祐清だけは助けたかった。でも、祐清自らが殺してほしいと願ったので、やむなく誅殺した。ただし、頼朝は恩返しとして祐清の遺児祐光《すけみつ》に伊東荘を与えている。

なお『平家物語』では、祐清は頼朝に命を助けられたのち平家軍に加わり、討ち死にしたとされている。

◆その〝血〟は北条氏に脈々と受け継がれていった

伊東祐親は（最低でも）三人の娘がいた。八重姫は頼朝との悲恋に散ったが、残る二人は大物に嫁いでいる。

まず、**北条時政に嫁いだ娘**だ。

「伊東祐親の娘」あるいは「北条時政前室」としか名の残っていないこの女性は、時政との間に、少なくとも男の子二人（宗時・義時）と、女の子二人（阿波局《あわのつぼね》ともう一人）をもうけている。なかなか豪華な顔ぶれだ。ちなみに、時政の娘である政子の生母が誰かはわかっていない。

伊東祐親の子供たちは役者ぞろい!?

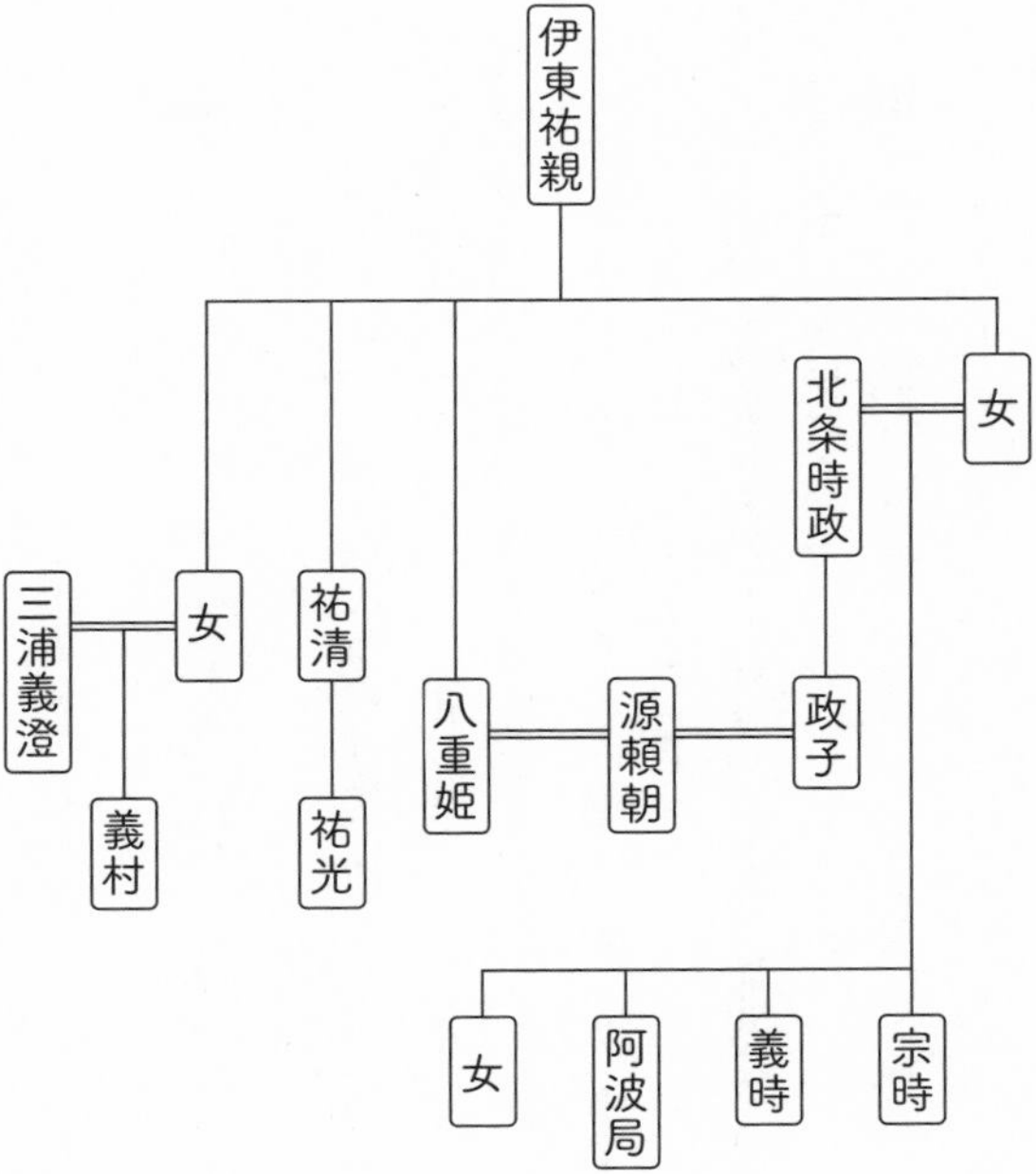

さらに**三浦義澄《みうらよしずみ》に嫁いだ娘**もいる。

義澄は頼朝が挙兵した時から行動をともにした御家人で、「十三人の合議制」にも選ばれている宿老だ。祐親が頼朝軍に負けて捕虜となった時、娘婿の義澄が祐親の助命を嘆願して認められたんだけど、前述したように祐親自身がそれを良しとせず、潔く自害している。

三浦義澄の息子の義村《よしむら》は二代目執権義時の従弟にあたり、「梶原景時の変」、「比企能員の変」などで重要な役割を果たし、北条氏に次ぐナンバーツーの地位を獲得する（218ページ～参照）。

さらに公暁による実朝暗殺事件にも関わり、「承久の乱」や「伊賀氏の変」（128ページ参照）にも絡んでいるように、なかなかの食わせ物だ。

伊東氏は没落し、祐親も自害して果てたけど、その血は北条氏と三浦氏に脈々と受け継がれていったんだ。祐親も草葉の陰で喜んだことだろう。

伊東荘の平和を願い、平家への恩義に生きた祐親を敬い、静岡県伊東市では毎年「伊東祐親まつり」を開催している。伊東大川に浮かべられた水上能舞台の上で行われる能や伝統芸能は、圧巻のパフォーマンスだ。

コラム

北条氏の名刀「鬼丸国綱」

日本刀の中で特に名刀といわれる五振を「**天下五剣**《てんがごけん》」と呼ぶ。具体的には「鬼丸国綱《おにまるくにつな》・童子切安綱《どうじぎりやすつな》・三日月宗近《みかづきむねちか》・大典太光世《おおでんたみつよ》・数珠丸恒次《じゅずまるつねつぐ》」の五振を指すんだけど、**北条氏はその筆頭とも評される「鬼丸国綱」を手に入れている。**名前の由来となった話が残っているので紹介しよう。

北条時政の夢の中に小鬼が出てきて、うなされることが続いていた。ある夜、夢の中に国綱の刀の化身が現れ、「汚れた人の手に握られたことによって錆《さ》び付き、鞘から抜け出せない。錆を拭《ぬぐ》い去ってくれれば、妖怪を退治してしんぜよう」と言って消え去ったんだ。

そこで時政は、お告げに従って錆び付いていた国綱の刀を綺麗《きれい》に研ぎ、抜き身のまま寝床の傍《かたわ》らに立てかけておいた。すると刀が自然と倒れかかって側にあった火鉢《ひばち》を割った。驚いた時政が割れた火鉢を見ると、火鉢の脚に鬼の文様が付いていて、国綱がそれを斬り割っていたんだ。

それ以来、時政の夢に小鬼は現れなくなった。刀が火鉢に付いていた小鬼を退散させたんだね。そこでこの太刀を「鬼丸国綱」と命名したというお話だ。

家柄が決して高くなかった北条氏が権門《けんもん》に名を連ね、家柄に箔《はく》を付けるためにも、こうした名刀を持つことが必要だったんだろう。

流人だった頼朝に未来の将軍の姿を予見したように、のちに「天下五剣」と呼ばれるようになる名刀を見る目まであったとは、やるな時政!! 恐れ入谷《いりや》の鬼子母神《きしもじん》だ。

北条家の宝刀だった「鬼丸国綱」は、その後、北条氏を滅ぼした南北朝時代の武将、新田義貞《にったよしさだ》の手に渡る。その後、豊臣秀吉《とよとみひでよし》や徳川家康《とくがわいえやす》など錚々《そうそう》たる武将のもとを転々とし、明治天皇に献上された。現在は「御物《ぎょぶつ》」(皇室の所蔵品)として宮内庁で保管されている。

3章

なぜ「源氏将軍家」は三代で滅びてしまったのか？

「頼朝の血脈」に秘められた謎

尼将軍・政子はいかにして「鎌倉のゴッドマザー」になりしか

アタシは政子
駆け落ち同然で
頼朝さんと一緒に
なったんだけど…
北条政子
出世したとたん
浮気するん
だから……
浮気相手の家は破壊
困った奴は流罪ね
政子はすごかった
頼朝の死後は出家し
「尼御台」と呼ばれるように

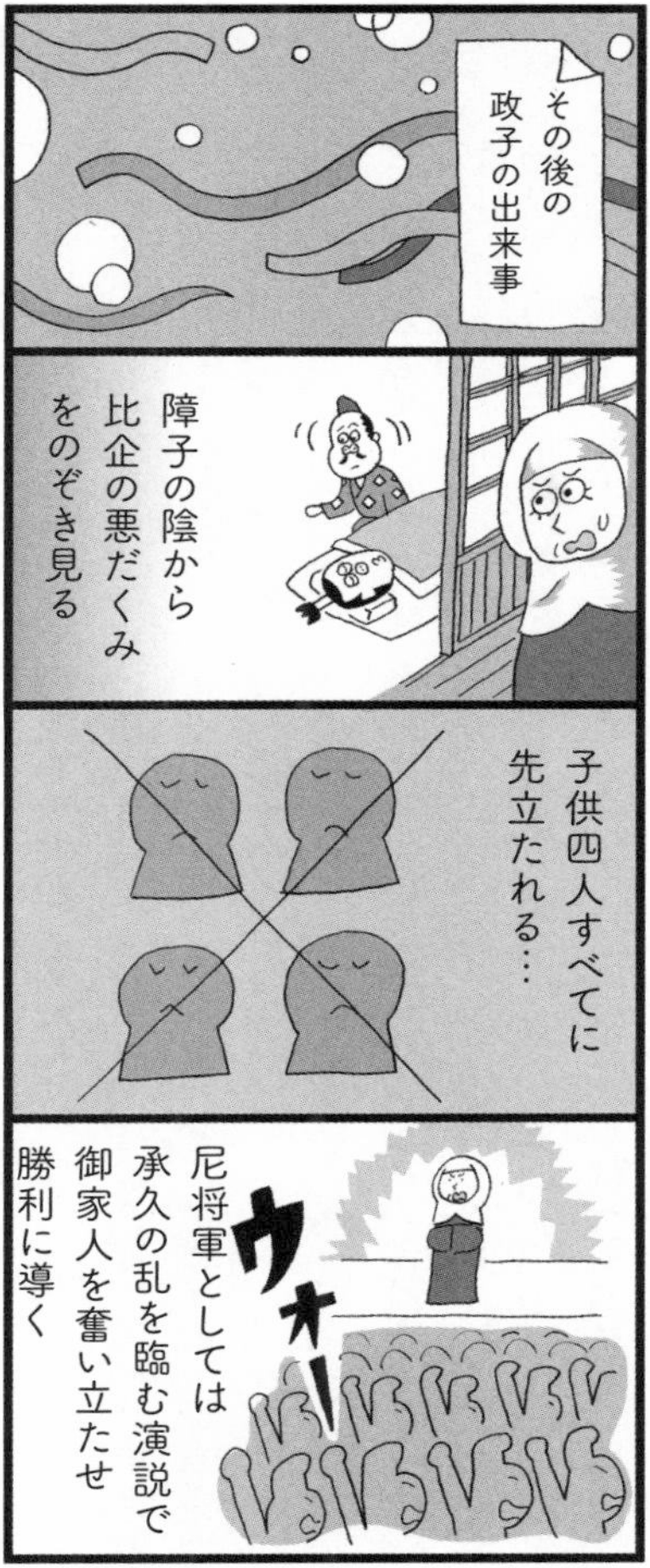
その後の
政子の出来事
障子の陰から
比企の悪だくみ
をのぞき見る
子供四人すべてに
先立たれる…
ウォー
尼将軍としては
承久の乱を臨む演説で
御家人を奮い立たせ
勝利に導く

北条政子《ほうじょうまさこ》は、伊豆《いず》の在地豪族である北条時政《ときまさ》の長女として生まれた。「平治《へいじ》の乱」で敗死した源　義朝《みなもとのよしとも》の嫡男頼朝《よりとも》が、処刑を免れて伊豆へ配流されることになった時、時政が監視役となった。

流人頼朝との出会い。これが政子の運命を大きく変えた。

父時政の反対をものともせず、駆け落ちまでして「できちゃった婚」で結ばれた政子と頼朝。やがて頼朝は反平家の狼煙《のろし》を上げ、源平合戦で平家を滅ぼすと、鎌倉幕府を開いて初代将軍となった。政子の慧眼《けいがん》恐るべし!!

ところが頼朝が急死したあとは、御家人《ごけにん》同士の血塗られた戦いの連続だった。やっと北条氏による執権《しっけん》政治が確立されたか、と思った矢先に勃発したのが「承久《じょうきゅう》の乱」。幕府始まって以来の危機に際して、「尼将軍」政子は立ち上がった。

全気力を振り絞った政子の名演説をきっかけに、御家人たちは一致団結し、朝廷に勝利する……。

女傑中の女傑か、悪女中の悪女か、北条政子の人生をたどってみよう。

伊豆・蛭ヶ小島の頼朝・政子像。
頼朝はこの地に配流され、政子に出会った

◆驚きの行動力！ 着の身着のまま山を越えて頼朝のもとへ

頼朝の監視役だった時政が、大番役《おおばんやく》で京都に赴いている留守中、頼朝と政子は出会い、恋をした。その時、政子は二十歳、頼朝は三十歳だった。

政子から見た頼朝は、武家の棟梁《とうりょう》たる清《せい》和《わ》源氏の嫡流としての威厳を持つと同時に、京都の洗練された公家文化を身に付けている魅力あふれる男性だったに違いない。

二人はロミオとジュリエットならぬ源家と平家だから、禁断の恋。

京都から戻った時政が二人の関係を知っ

た時、怒って反対したのは当然だろう。「二人を引き裂《さ》かねば自分の身が危ない」、そう思った時政は、政子を平家の代官で伊豆の目代《もくだい》だった山木《やまき》兼隆《かねたか》と結婚させようとしたんだ。ところがそうは問屋が卸さない。**政子は祝言直前に兼隆の屋敷から抜け出し、着の身着のままで山を一つ越え、頼朝のもとへ走った。**

後年、政子はこの時のことを回想して、「暗夜をさ迷い、雨をしのいで貴方のところにまいりました」と述べている。さすがのちに「尼将軍」となるだけのことはあるね。

二人は伊豆山権現《ごんげん》に匿われた。伊豆山は僧兵の力が強く、目代の兼隆も手を出せなかった。駆け落ちという力業《ちからわざ》で結ばれた二人。政子はまもなく長女の大姫《おおひめ》を出産した。

こうなると、時政も二人の結婚を認めざるを得ないね。

のちに鎌倉幕府初代将軍となる源頼朝とその妻政子は、こうして結ばれた。

政子の父時政は覚悟を決めて平家を裏切り、頼朝と歩を同じくすることになる。

◆「男女平等」を先取り！　だから浮気にも激怒！

頼朝と政子の間には、長女大姫が生まれたのに続いて、長男頼家《よりいえ》、次女三幡《さんまん》、最後に次男実朝《さねとも》が生まれた。平家を滅ぼし征夷《せいい》大将軍《たいしょうぐん》に就いた頼朝は、鎌倉幕府を着々と創り上げていく。御家人たちから**頼朝が「鎌倉殿」**と呼ばれるのに対して、**政子は「御台所《みだいどころ》」**と呼ばれたんだ。何もかも順調だ……。

傍目《はため》にはそう見えても、夫婦間にはいろいろなことが起きるものだ。

政子が頼家を出産する前後、頼朝は「亀《かめ》の前《まえ》」という女性を寵愛《ちょうあい》し、伏見《ふしみ》広綱《ひろつな》という者の家に住まわせていた。この**浮気を知った政子は激怒し、広綱邸をぶち壊させた。**

マ、マジか!! 広綱は流罪となり、亀の前は命からがら逃げた。

夫を「うわなり」（後妻）に奪われた先妻が後妻の邸宅を襲撃することを「後妻《うわなり》打ち」と呼び、これは平安時代末から戦国時代まで行われていたようだ。

頼朝ほどの人物なら妾の一人や二人いたっていいじゃないか、と思うんだけど、政子はそうではなかった。東国武士の世界で育った**政子の基本的な考え方は「一夫一婦」**。東国武士の原点は「土地」だ。当時の農村では男女ともに働き、お互いに助け合う文化を持っていた。男女平等、一夫一婦というのが基本だったんだ。

夫婦の関係について、二代執権義時《よしとき》の三男重時《しげとき》が書き残した『北条重時家訓』には、次のような記述がある。

「妻にしようとする人の心根をよくよく見て、一人に決めなさい。仮にも浮気をしてはいけない。そんなことをしたら正妻の嫉妬心が積もって大変なことになるだけだ。また浮気の罪で必ずや地獄にも落ちてしまうだろう」

……伯母夫妻にあたる政子と頼朝を見ての実感がこもっている気がするなぁ。亀の前の事件以降、頼朝は好きになった女性ができると、政子を恐れて隠れるように通った。懲《こ》りないというか、悲しいかな、男の性《さが》。

◆この〝暗躍〟ぶりはさながら女スパイ!?

建久《けんきゅう》十年（一一九九）一月に、頼朝が急死した。享年五十三。頼朝の死後、出家した政子は「尼御台《あまみだい》」と呼ばれるようになった。

初代将軍頼朝は独裁政権をしいた。それだけに、頼朝が亡くなってしまうと、大黒柱を失った鎌倉幕府は迷走を始める。頼朝と政子の長男頼家が二代目将軍に就任したものの、ボンボン頼家に危機感を抱いた御家人たちは、将軍就任からわずか三カ月後に、頼家が訴訟を直接に裁定することを禁じ、「十三人の合議制」を開始したんだ。

ここから、御家人同士の血で血を洗う激烈な抗争の時代に突入した。**政子の父時政のやり方は性急かつ強引**で、ライバルの有力御家人を次々に滅ぼしていく。

2章でも書いたとおり、政子が絡んだ事件もあった。私も参加させてよ、というところだろうか。

頼家が重篤《じゅうとく》な病に倒れた（毒を盛られた可能性がある）のをチャンスと見た時政は、次の将軍として実朝を擁立しようと画策した。

これに対して、時政のライバルにあたる比企《ひき》能員《よしかず》が病に伏す頼家を尋ね、「時政追討」の密議をしていたまさにその時、障子《しょうじ》の陰で立ち聞きしていた政子が、それを時政に告げるというファインプレーを演じた。

これは『吾妻鏡』に描かれている場面だけど、「障子の陰で立ち聞きしていた政子」って（笑）……**完全に女スパイだ**。いくらなんでもこれは嘘くさい。

まあ事の真偽は置いておくとして、政子の暗躍もあって能員は殺され、比企一族は滅ぼされた（「比企能員の変」）。

◆四度の「逆縁」をどう乗り越えたか

さて、これで安心して実朝を三代目の将軍に……というその時、危篤状態だった頼家が奇跡的に快復した（盛った毒の量が足りなかったか？）。これは困った事態だ。すでに朝廷には頼家が死んだと報告していたのだから。

ここでも**政子の出番**だ。母のたっての願いということで頼家を説得し、将軍職を下りて出家してもらった。頼家は将軍なのに蹴鞠《けまり》に夢中になって仕事をおろそかにし、政子が叱っても聞かない「愚息《ぐそく》」だったので、見切りをつけていたのだろう。

伊豆の修禅寺《しゅぜんじ》でしぶしぶ隠居生活を送ることになった頼家だったが、まもなく暗殺されてしまったのは前述のとおりだ。

そうまでして将軍にした実朝だったけど、建保《けんぽう》七年（一二一九）一月二十七日、右大臣拝賀の儀式の日、鶴岡八幡宮《つるがおかはちまんぐう》において甥の公暁《くぎょう》に暗殺されてしまった。

この時点で、**政子はお腹を痛めて生んだ四人の子供たち全員に先立たれてしまった**ことになる。元々は仏教用語の「逆縁《ぎゃくえん》」は、一般的には親より先に子供が亡くなることをいうけど、その逆縁を四度も経験している政子は、とてつもなく不幸な女性といえる。

「子供たちの中でただ一人残った実朝を失い、これでもう終わりだと思いました。私一人が憂いの多いこの世に生きねばならないのか。淵瀬《ふちせ》に身を投げようとさえ思い立ちました」（川村一彦著『北条得宗家の変遷』）……悲しみに暮れる政子の本音だろう。

◆日本史上、最初で最後の「女将軍」

「尼御台」と呼ばれた政子も、すでに六十三歳になっていた。

四代将軍として後鳥羽《ごとば》院の皇子を迎えることを願ったけど、院に拒否されてしまった。そこで皇族将軍を諦めて摂関家から三寅《みとら》（のちの藤原頼経《ふじわらのよりつね》）を迎えることにした。しかし、三寅はまだ二歳の幼児だったから、政子が後見となり将軍の代行をすることになったんだ。

ここに**「尼将軍」が誕生**した。『吾妻鏡』では実朝の死去から政子の死去までの間、政子のことを「鎌倉殿」と呼んで将軍扱いにしている。**あとにも先にも女性が将軍と**

なったのは政子だけ。まさに女傑だね。

老境に入っていた政子に、最後の大仕事が待っていた。

後鳥羽院が倒幕を画策し、「北条義時討伐の院宣《いんぜん》」を出したんだ。

政子は朝敵となってしまうことに動揺した御家人たちを鼓舞するために立ち上がった。御家人たちを前に、政子は**「最後の詞」**と称される名演説をぶった。「皆心を一《いっ》にして奉《たてまつ》るべし。これ最後の詞なり」で始まる演説は御家人たちの心に響き、魂を揺さぶった。

◆一世一代の名演説！「頼朝公の恩は山より高く、海より深い」

皆さん、心を一つにしてお聞きなさい。これが私からの最後の言葉です。

今は亡き頼朝公が朝敵（平家）を滅ぼし、関東に武家政権を築いてから、あなた方の官位は上がり、禄高《ろくだか》もずいぶん増えましたよね。その恩は、山よりも高く、海よりも深いものです。その恩に感謝の気持ちで報いようという志は浅くはないでしょう。

しかるに今回、逆臣の讒言《ざんげん》によって、道義に反した綸旨《りんじ》（天子の命令）が下されました。

名を惜しむ者は、早く逆臣（藤原）秀康《ひでやす》・胤義《たねよし》ら（後鳥羽院方の首謀者）を討ち取り、三代将軍の眠るこの鎌倉を守りなさい。

ただし、朝廷側に付こうという者があれば、ただ今はっきりと申し出なさい。


大勢集まっていた武士たちは、政子の一世一代の名演説を聞いて、朝廷と戦う覚悟を決めた。「えいえいおーっ!!」と叫びたいところだったけど、ことごとく涙し、言葉にならない。命を懸けて恩に報いん、と心の中で誓うばかりだった。

この名文、実際は安達景盛《あだちかげもり》（「十三人の合議制」に加わった安達盛長《もりなが》の嫡男）が代読したとされるけど、ここは政子本人の堂々たる演説の情景を思い浮かべて感動したいところだね。

政子のこの演説の効果は抜群で、「いざ鎌倉!!」とばかりに集まった御家人たちの数は十九万!!　大軍を以て攻め上り、あっという間に京都を制圧した。「義時討伐の院宣」からわずか一カ月、「承久の乱」は鎌倉方の勝利に終わった。

◆晩年、政変で追い落とされた伊賀氏の怨霊に悩まされる⁉

貞応《じようおう》三年（一二二四）、北条義時が急死した。病死説以外に刺殺説、毒殺説などさまざまな憶測が飛び交う怪死だった。政子は、弟にまで先立たれてしまった。

急死ゆえ義時は遺言を残していなかったので、次の執権を誰にするかで一悶着《もんちやく》あったものの、政子が義時の嫡男泰時《やすとき》を指名してなんとか決着した。

この一悶着というのは**「伊賀《いが》氏の変」**と呼ばれるもので、義時の後妻である伊賀の方《かた》が謀反を企てた事件だった。

伊賀の方は息子の政村《まさむら》を次の執権にし、娘婿の一条実雅《いちじようさねまさ》を将軍職に就任させるべく、有力御家人の三浦義村《みうらよしむら》と結ぼうとした。しかし、この動きを察知した政子が事前に動いて、陰謀を未然に防いだ……。という話なんだけど、実はこの「伊賀氏の変」は、本当にあった事件なのかどうか怪しいんだ。

今では、**政子が伊賀の方の実家伊賀氏を潰すためにでっち上げた、とする説が有力**

政子と実朝の五輪塔がある寿福寺。
緑に囲まれた静かな境内には、陸奥宗光や高浜虚子も眠る

となっている。濡れ衣を着せられた伊賀の方は伊豆に流罪となり、深い恨みを抱きながら亡くなった。

その怨霊が政子に仕える女房たちの前に現れ、女房たちが恐れおののいて死ぬという怪事件が次々に起きた。そしてついに**伊賀の方の怨霊は政子の前にも現れた**という。嘉禄《かろく》元年（一二二五）、政子は病気になり、死去した。享年六十九。

鎌倉五山の一つ、寿福寺《じゅふくじ》の裏山にある「やぐら」（横穴式墓所）の中の五輪塔《ごりんとう》は政子のものと伝えられている。そのすぐ近くには、実朝のものと伝えられる五輪塔もある。

後世の政子評は毀誉褒貶《きよほうへん》相半ばするけど、草葉の陰で政子は何を思うのだろう。

「頼朝の嫡男」ながら実母・政子にも見放された二代将軍頼家

蹴鞠と女遊びばかりの頼家
源頼家
ボケ〜…
かわいい子どこだ〜？
ダメダメ将軍の烙印が押され
じゅっ
暗君
母政子ともギクシャク
最後は残酷にも暗殺された
頸に紐を付けられ、ふぐりを取られて殺されたよ建久十年（一一九九）、頼朝は五十三歳で急死した。

頼朝亡きあと、二代将軍の座に嫡男の**源頼家**が就いたのは既定路線だった。ところが、頼家は甘やかされて育ったボンボン、いや、まだ十八歳の若輩者《じゃくはいもの》に過ぎなかった。とてもではないけれど、将軍職が務まる年齢でも能力の持ち主でもなかった。

頼家の権力は制限され、ついには将軍職を解かれ、最後は無残に暗殺されてしまう。

二代将軍頼家のダメダメぶりは、いくつも記録されている。

たとえば、所領の境界をめぐる訴えを受けた際、何も調べもせず自ら地図の中央に適当に線を引き、「所領の広いとか狭いは、その人の運次第だ。いちいち検分する必要なんてない」と言い放ったという。

土地領有は御家人にとって非常に重要な問題。なのにこうしたいい加減な裁断を行ったのだから、これはもう将軍失格。放っておくわけにはいかない。

また**私生活でも、権力をかさに着て無茶苦茶なこと**をやっている。

頼朝の流人時代からの側近で、幕府の創設に貢献した安達盛長という人がいた。その嫡男の景盛と頼家とは馬が合わなかった。景盛は頼朝の御落胤《ごらくいん》だという説もあり、そのあたりも影響しているかもしれないけど……。

その景盛が美人の妾を持ったという噂を聞いた頼家は、景盛に仕事を命じて遠くに出かけさせ、その留守を狙って妾を強奪し、そのうえ景盛を討とうとしたんだ。この時は、頼家の横暴ぶりに驚いた母の政子が必死で食い止めたという。

また、頼家が蹴鞠にハマって職務をおろそかにしているのを見た政子は、蹴鞠狂いを咎《とが》めたけどまったく聞く耳を持たなかった……など、枚挙《まいきょ》にいとまがないくらいダメダメな息子なんだ。

ただ、こうした**頼家のダメ男ぶりを記す**『吾妻鏡』**は、「だから頼家を将軍から降ろして殺したんだ」という北条氏の立場を正当化**している可能性が高いということは、忘れちゃいけないところだね。


完全に「暗君《あんくん》」の烙印を押された頼家。それに対して御家人たちの不満が高まっていくのは当然のことだった。

そこで北条時政は、政子と諮《はか》って将軍頼家の専横を停止する挙《きょ》に出た。頼家が将軍になってからわずか三カ月後の正治《しょうじ》元年（一一九九）四月、訴訟はすべて幕府の有力御家人十三人の合議によって採決すべきことを定めたんだ。

北条義時だけが三十代で、ほかの十二人は幕府創設以来の功臣、「宿老《しゅくろう》」（古参の臣）と呼ばれる人たちで、かなり高齢の方が多い。**実はこの「十三人の合議制」、一度も全員で合議したことがなく、実質的にはほぼ機能しなかった。**

◆先鋭化する対立！「頼家vs.時政・政子・義時」

頼家の専横を止めることができた以上、ここから先は幕府の舵取《かじと》りを誰がやるのか、御家人同士の血で血を洗う抗争の時代に突入だ。

まず、梶原景時《かじわらかげとき》が排除された。この事件を「梶原景時の変」という。

この事件のきっかけは、**阿波局《あわのつぼね》**という女性による告げ口だった。阿波局は時政の娘で政子の妹にあたり、**阿野全成《あのぜんじょう》**という男性と結婚していた。

この全成は頼朝の異母弟で、出家して寺に預けられていたんだけど、兄の頼朝が挙兵したことを知ると、寺をさっさと出て一目散に頼朝のところへ駆け付けた。

いの一番に駆け付けてくれた弟との再会に頼朝は泣いて喜び、政子の妹である阿波身内の対立が激化！

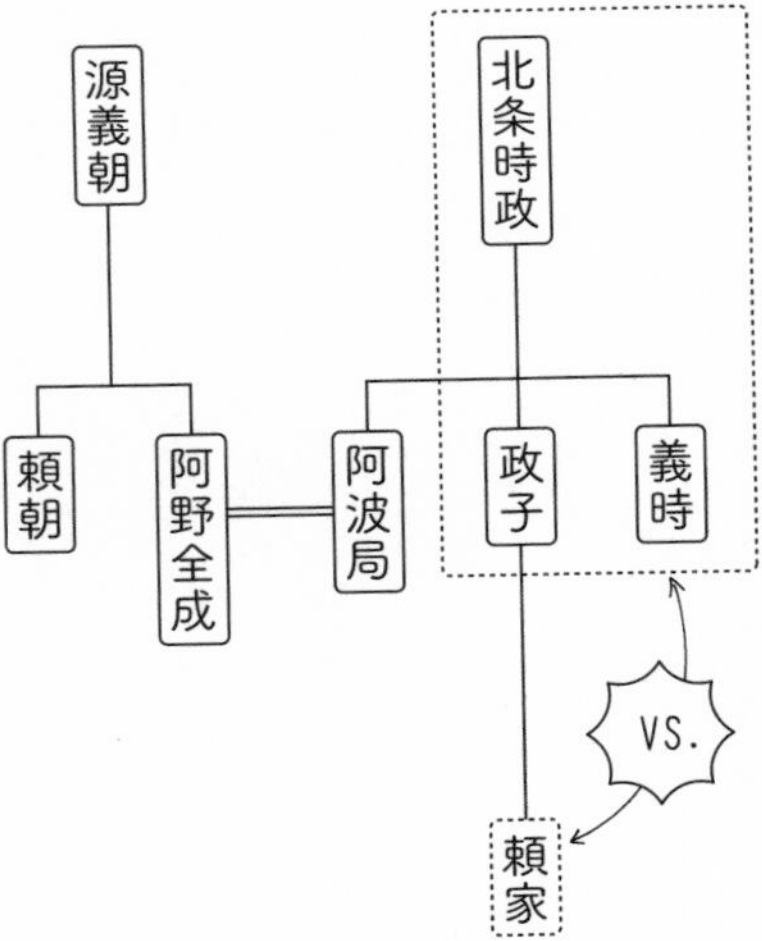

局と結婚させ、有力御家人として頼朝に仕えさせた。全成は頼朝の死後、実朝を擁する北条氏の一員として、頼家派と対立するようになる。

坊主のくせに、その荒くれ者ぶりから「悪禅師《あくぜんじ》」とも呼ばれた全成の言動は、目に余るものがあった。業を煮やした頼家は全成を謀反人として捕まえ、常陸国《ひたちのくに》（現在の茨城県）に配流したのち誅殺した。さらに頼家は、全成の妻である阿波局も逮捕しようとしたけど、これを知った政子が断固引き渡しを拒否した。

ここに、「頼家vs.時政・政子・義時」の対立が先鋭化したんだ。

◆北条氏の〝周到かつ迅速な謀略〟で外堀を埋められる

全成が誅殺されてほどなくして、頼家が重病に陥った。

これは怪しい。頼家は毒を盛られた可能性が高いと思われる。

蹴鞠に興じ、好色で女漁《あさ》りをするほど元気な二十二歳の若者が、急病になり、かつ危篤にまで陥るなんて、普通に考えればおかしいことだ。全成と阿波局の件もあり、恨み返しで北条氏が裏で動いたに違いない。

予想どおり、時政が速攻で動いて実朝を次の将軍にしようとした。それに対して、比企能員が病身の頼家を担いで対抗を試みるも、政子にバレて時政に知られてしまう（123ページ参照）。時政は能員に、「仏像供養の儀」に列席してほしいと嘘をつき、丸腰でやってきた能員をいとも簡単に殺した。な、なんて卑怯《ひきょう》なんだ時政。

さらに、手配していた手勢を比企氏の館に向かって繰り出し、頼家と比企能員の娘若狭局《わかさのつぼね》との長男一幡《いちまん》を含めた比企氏を全滅させた（「比企能員の変」）。

◆幽閉され惨殺！ 頸に紐を付け、ふぐり（陰嚢）を取られ……

比企氏を滅ぼして、してやったりの北条氏だったけど、危篤状態だった頼家が奇跡的に快復した。我が子一幡が殺され比企氏が滅亡したことを知った頼家は、悲しみと怒りに震えたが、どうすることもできなかった。すでに頼家に味方する者は誰一人いなくなっていたんだ。

一方、北条氏も焦った。朝廷にはすでに「頼家が病死したので実朝が跡を継いだ」と虚偽の報告をし、それを受けて行われた臨時の除目《じもく》（中央官吏の人事異動）で、実朝は征夷大将軍に任じられていたのだから。

そのことを知った時、病床にあった頼家は傍らの太刀を取り、よろめく足で床の上に立ち上がったという。よほど悔しかったのだろう。それを見た政子がすがりついて説得し、将軍を下りて出家してもらった。病気療養という名目で伊豆の修禅寺に向か

修禅寺指月殿の釈迦如来は蓮の花を右手に持つ珍しい姿。
この地で暗殺された頼家を弔い、母の政子が寄進した

った頼家だけど、実質的な幽閉《ゆうへい》だった。

頼家が、「伊豆の山中に独りでいるのは淋しいので、話し相手に家来を何人か遣わしてくださいませんか」と政子に手紙を送ったところ、これが謀反の企てではないかと疑われ、頼家は入浴中に襲われ、暗殺されてしまった。

その殺され方はなかなか残酷だ。ボクが『愚管抄《ぐかんしょう》』に記録しておいた。

「すぐに殺すことができなかったので、頸《くび》に紐《ひも》を付け、ふぐり（陰嚢《いんのう》）を取るなどして刺し殺してとどめを刺した」

享年二十三。悲劇の二代将軍といえるだろう。暗殺の黒幕は、時政とも義時ともいわれているけど、真相は闇の中だ。

「源実朝の暗殺」にめぐらされた謀略の真相

鎌倉幕府第三代将軍を務めた**源実朝**は、頼朝と政子との間に生まれた次男坊だ。頼朝の急死後、長男の頼家が第二代将軍になったんだけど、前項のように失政が多く、将軍を廃されたうえに無残にも暗殺されてしまう。そこで実朝に第三代将軍のお鉢が回ってきた。でもその時、実朝はまだ十二歳。名ばかりの将軍様だ。

実朝は武士タイプでも将軍の器でもなく、京の公家文化に憧《あこが》れ、和歌と蹴鞠に夢中になるなど、**完全に貴族タイプのボンボン**だった。

武士で初めて右大臣《うだいじん》に上り詰めた実朝だけど、恨みを買って甥の公暁によって暗殺され、源氏将軍の血筋はわずか三代で断絶した。

運命に翻弄《ほんろう》された実朝の、二十八年間の人生を見ていこう。

◆「私には子供がいないから、源氏はここで終わりだ」

実朝の幼名は千幡《せんまん》といった。

父頼朝は千幡の誕生に大喜び。祝賀行事を次々に行い、生後四カ月に満たない千幡を抱いて有力御家人の前に現れると、

「私はこの幼子を鍾愛《しょうあい》している（＝とても愛している）。皆の者、心を一つにしてこの子の将来を守護せよ!!」

と述べて、一人ひとりにベビー千幡を抱かせている。**冷酷無情とされる頼朝も、我が子を前にすれば完全な親バカだ。**

それほどまでに頼朝に「鍾愛」された実朝は、兄頼家が「比企能員の変」により将軍職を失うと、建仁《けんにん》三年（一二〇三）、わずか十二歳で将軍の座に就いた。

といっても実朝はまだ幼い。実権は北条氏が握っていた。周りでは次々と血なまぐさい権力闘争が起き、北条氏独裁体制が築き上げられていく。実朝は政治から逃げるように和歌と蹴鞠に夢中になった。

そして、なぜか狂ったように朝廷での昇進を求めるようになる。それを見た執権北条義時と宿老大江広元《おおえのひろもと》は心配顔……。それに対して実朝は言った。

「ご心配はありがたい。でも、**私には子供がいないから源氏はここで終わりだ。だからせめて官位を上げて、誇り高き家名を残しておきたい**のだ」

なるほど、実朝は結婚して十年以上経っても子供に恵まれなかった。果たして右大臣に昇進後に実朝は暗殺され、源氏将軍は三代で滅んでしまうのだから、それを予見していたことになる。ただこの話、ちょっとでき過ぎな気もするね。

◆華々しい昇進は後鳥羽院による「死に至る呪い」だった!?

実朝に官位を与える権限を持っていたのは後鳥羽院だった。いくら実朝が求めたにしても、どうして院は矢継ぎ早に実朝を昇進させたのだろうか。

「承久の乱」について書かれた作者未詳の軍記『承久記』に、こんな記述がある。

「将軍の御位《みくらい》、たびたびの除目に過分に進ませ給《たま》ふこと、『くはんうち』にせんためとぞ、仰せらる」

「くはんうち」とは「官打ち」のことで、「分に過ぎた高位高官を得ると、その人に災《わざわ》いが振りかかる」という意味の迷信だ。

後鳥羽院は、**「実朝が過分な昇進をすればするほど不幸になる。そしてついには死に至る」**という呪いを信じて実朝を昇進させていたのだ。恐ろしや恐ろしや……。

もちろん、呪いの「官打ち」なんて話はでまかせに過ぎず、院は昇進を望む実朝を取り込んで、朝廷と幕府との融和を図ろうとしただけなのかもしれない。

でも、実朝が異常な速度で昇進したのは事実だ。死の前年の一年間だけで、権大納言《ごんだいなごん》、左近衛大将《さこんえのだいしょう》兼左馬寮御監《さめりょうごげん》、内大臣《ないだいじん》と昇進した。

過去に武士で内大臣になったのは、平清盛《たいらのきよもり》・重盛《しげもり》・宗盛《むねもり》だけ。実朝は二十七歳の若さで、父頼朝の最終官位（右近衛大将《うこんえのだいしょう》）を軽く超えた。そして、そのわずか二カ月後には、武士として初めて右大臣に任ぜられたんだ。

◆鶴岡八幡宮での「運命の一日」に次々起きた〝凶兆〟

若くして右大臣に任ぜられた実朝は、そのお礼を申し上げるための拝賀の儀式を鎌倉の鶴岡八幡宮で行うことにした。

建保七年（一二一九）一月二十七日。実朝が暗殺される運命の日だ。

その日は、不吉なことが次から次へと起こった。

実朝が出立《しゅったつ》する前、大江広元は理由もなくあふれ出る涙に当惑した。嫌な予感がした広元は、「用心のため、御束帯《ごそくたい》の下に鎧《よろい》をお召しください」と進言したけど、実朝は一笑に付して着用しようとしなかった。

また、実朝の鬢髪《びんぱつ》を整えに伺候《しこう》してきた宮内公氏《くないきみうじ》に、実朝は自ら髪の毛一筋を抜いて、「これを生涯の記念とせよ」と言って与えた。まさかこれが遺髪になるとは、実朝も公氏も思いもしなかっただろう。

そしていよいよ出立という時、実朝は庭に咲く梅を眺めて歌を詠んだ。

出《い》でていなば　ぬしなき宿と　なりぬとも　軒端《のきば》の梅よ　春を忘るな

訳 私が出ていって主のいない家となってしまっても、軒端の梅よ、どうか春を忘れず花を咲かせてくれ。

菅原道真《すがわらのみちざね》が大宰府《だざいふ》に左遷《させん》される前に詠んだ歌の本歌取《ほんかど》りだけど、結末を知っている者からすると、まさに**「禁忌《きんき》の歌」**。あまりにも不吉で、死を予感させるものだ。

さらに不吉は続くよ、どこまでも。

実朝が南門を出る時、源氏の守り神である白鳩《しらはと》がしきりにさえずっていたり、牛車《ぎっしゃ》から降りる時に太刀《たち》が牛車の台に引っ掛って折れてしまったりと、これでもかという凶兆のオンパレード。

それにもかかわらず、実朝の右大臣拝賀の儀式は決行された。何か悪いことが起きる予感しかしない……。

◆雪の中躍り出た「暗殺者の正体」は?

正月明けから鎌倉は雪が降り続き、その日も夕方から雪が降り、二尺(約六十センチ)ほど積もっていた。一面銀世界の中、実朝の行列は酉《とり》の刻(午後五時頃)に幕府を出て鶴岡八幡宮に向かった。

京から下向してきた公卿《くぎょう》と幕府の要人たちを含む拝賀の行列に、後陣の随兵《ずいへい》約一千騎が続く。長い長い行列だ。幕府始まって以来の豪華な儀式。当時テレビ中継がなかったのが残念というものだ。

この行列をじっと物陰から覗いていた人物がいようとは、実朝は知る由《よし》もない……。

夜になり、儀式が終わった実朝は神前を退出して社殿前の石段を下り、立ち並ぶ公

鶴岡八幡宮の社殿前の長い石段。
ここを下りてきた実朝を凶刃が襲った

卿の前を会釈《えしやく》して通ろうとした。

まさにその時、物陰に潜んでいた法師の恰好《かっこう》をした人物が疾風のごとく走り寄り、実朝の下襲《したがさね》の裾《すそ》に乗って動きを止め、一太刀浴びせた。この人物こそ、二代将軍頼家の子である公暁だった。

ヲヤノ敵《かたき》ハカクウツゾ

と叫ぶやいなや実朝を仕留めると、間髪《かんはつ》を入れず首を打ち落とした。そして実朝の首級《しるし》を持って夜の闇の中に姿をくらましてしまったんだ。

以上が『吾妻鏡』と『愚管抄』を中心にまとめた実朝暗殺劇だけど、諸本には異同が多い。詳しくはコラム「実朝暗殺の謎」（152ページ参照）で検証していくことにしよう。

◆ついに〝源氏将軍の血筋〟は断絶！

公暁が叔父である実朝に恨みを抱くようになったのは、次のような事情があった。

公暁がまだ幼い頃のこと。父である二代将軍頼家が重い病を患い、危篤状況に陥った。次なる将軍を誰にするか、早く決めなければならない。

その時、「比企氏vs.北条氏」の構図があった。

●負　比企能員＝頼家＝一幡・**公暁**

vs.

○勝　北条時政（政子・義時）＝**実朝**

この争いは北条時政側が勝利し、比企能員は殺され、一幡を含む比企一族は滅んだ。

頼家は危篤状況を奇跡的に脱したものの、鎌倉を追放されて出家し、伊豆の修禅寺で療養中に（おそらく北条氏の手によって）暗殺された。

五歳にして父を失った公暁は、祖母である北条政子のはからいで、鶴岡八幡宮別当《べっとう》の弟子になり、出家した。のちに八幡宮の第四代目の別当に就任している。

そんなつらい過去を持つ公暁なので、父頼家と兄一幡の仇として実朝に恨みを持つとともに、実朝を亡き者にすることで、源氏の正統な跡継ぎとして次の将軍になろうと考えたとしても、不思議ではないだろう。

だが公暁は、次の将軍になるどころか、追手によってあっという間に殺されてしまった。『吾妻鏡』によれば、暗殺の翌日になっても実朝の首は発見されなかった。仕方がないので、邸を出る時に宮内公氏に与えた一筋の髪を実朝の棺《ひつぎ》に入れて、勝長寿院《しょうちょうじゅいん》の境内《けいだい》に葬ったという。

一方、『愚管抄』によれば、実朝の首は雪の中から見つかったとある。どちらが本当なのだろうか？

何にせよ、**実朝の死によって源氏将軍の血筋は断絶した**。享年二十八。

◆藤原定家、正岡子規も絶賛する「和歌の実力」

実は、**実朝は将軍としてよりも、歌人として名高いんだ。**

九十二首もの歌が勅撰《ちょくせん》和歌集に入集し、『小倉《おぐら》百人一首』にも撰《えら》ばれている。

世の中は 常にもがもな 渚《なぎさ》こぐ 海士《あま》の小舟《おぶね》の 綱手《つなで》かなしも

訳 世の中は、永遠に変わってほしくないものだ。波打ち際を漕《こ》いでゆく漁師の小舟の、引き綱を引いてゆくさまを見ると、しみじみと胸が締めつけられるように哀しい。

また私家集《しかしゅう》として『金槐和歌集《きんかいわかしゅう》』があるほどの実力者だ。

実朝は幼い頃から和歌に関心を持ち、十八歳の時にそれまで詠んだ歌の中から三十首を撰び、京にいる歌の大家である藤原定家《ていか》に送って批評を求めている。

実朝は最初、定家の影響を受けて「新古今調《しんこきんちょう》」の歌を詠んでいたんだけど、のちに

江の島と富士山を臨む鎌倉の海。
実朝はこの海を前に何を思い、歌を詠んだのか

定家から秘蔵の『万葉集《まんようしゅう》』を送ってもらい、「この『万葉集』にまさる宝がどこにあろうか」と感動して、次第に「万葉調」の歌へと変化していった。

実朝が箱根権現などに出かけた時、旅の途中で詠んだ歌が残されている。

箱根路を　われこえくれば　伊豆のうみや　沖の小島に　波の寄る見ゆ

訳 険しい箱根の山道を越えてくると、伊豆の海が広がって見える。その海の沖にある小島に白波が寄せているのが見えるよ。

一見なんということもない歌に思えるん

だけど、素朴《そぼく》で素直な詠みっぷりゆえに、実朝が受けた感動が生き生きと伝わってくる。ちなみに、「伊豆の海」に「出《い》づの海」の意味を掛けて詠んでいる。

歌の師匠にあたる定家が、「実朝公の歌を読むと、そのすばらしさに気圧《けお》されて、歌を詠む自信もなくなってしまう」と大絶賛しているほどだ。

また、**正岡子規**《まさおかしき》が『歌よみに与ふる書』の中で、

「実朝という人は、これからという若さで亡くなってしまった。あと十年も生きていたら、どんなにたくさんの名歌を残していただろう。とにかく一流の歌人だった」

と高く評価している。本当に残念だ。

◆突如「渡宋」を試みた驚きの理由とは

実朝が突然唐船《からふね》を建造して、渡宋《そう》しようと試みたことがあった。

事の発端は、奈良東大寺《とうだいじ》を再建した宋僧の陳和卿《ちんなけい》と会った時のことだ。陳は実朝の顔を拝むと、

「実朝公の前世は宋の医王山《いおうぜん》の長老です。私は彼の門弟の一人でした」

と言ってはらはらと涙をこぼした。

この話に実朝は驚いた。

実は実朝自身、夢の中に現れた高僧から同じ話を聞かされていたのだから。陳の言うことを信じた実朝は、自分の前世の居所であった宋の医王山を訪れることに決め、義時や広元の反対を押し切って、陳に唐船の建造を命じた。

船は鎌倉の由比ケ浜《ゆいがはま》で建造されることになり、建保五年（一二一七）に完成した。喜んだ実朝だったが、数百人が五時間かけて力の限り曳《ひ》いても、船を浮かべることができなかった。由比ケ浜は遠浅で、大型船の港には適していなかったのだ。う～ん、造る前に調べなかったのだろうか？

船はそのまま浜に置かれ、朽《く》ち果てた。

計画は失敗に終わり、実朝の渡宋の夢も潰《つい》えた……。

実朝が暗殺される二年前のことである。

コラム

実朝暗殺の謎

鎌倉幕府三代将軍の源実朝は、二十八歳の時に甥の公暁に暗殺された。

・時は、建保七年（一二一九）一月二十七日の夜
・場所は、鶴岡八幡宮のどこか
・犯人は公暁（および仲間数人）

この三つについてはおそらく確実だけど、それ以外は多くの謎に包まれているんだ。

事件の謎を追っていくことにしよう。

※公暁が実朝を暗殺する背景

実朝暗殺から遡ること十五年。元久《げんきゅう》元年（一二〇四）七月、暗殺犯である公暁は、五歳の時に父である二代将軍源頼家を失った。さらに、父だけでなく、兄の一幡および母方の比企一族も滅亡した。

五歳にして一人残された公暁は、鶴岡八幡宮別当の弟子になり出家した。のちに十八歳で八幡宮の第四代目の別当に就任している。

ところが就任するやいなや公暁は「宿願《しゅくがん》がある」と言って一千日の参籠《さんろう》に入ってしまう。姿を見せなくなった公暁は毎日、何やらひたすら祈請《きせい》を続け、その間、出家したはずなのに髪を切らず伸ばし放題にしたという。

このようなことを怪しんだ人たちは、**「公暁は、父と兄の仇として実朝を呪詛《じゅそ》し、殺したのちに還俗《げんぞく》して将軍になろうとしているに違いない」**と噂し合った。

そんな折に、公暁のホームグラウンドである鶴岡八幡宮で、右大臣拝賀の儀式が行われることになった。仇を討つにはこれ以上ないチャンスだ。

※謎だらけの暗殺事件

公暁が実朝を襲撃した**タイミングと場所**に関しては、諸本で異同が多いが、信憑性《しんぴょう》が高い『愚管抄』と『吾妻鏡』を総合すると、「建保七年（一二一九）一月二十七日の夜。右大臣拝賀の儀式が終わって、実朝が復路の石段を下った時に公暁に襲われた」と推測される。

犯行の人数についても諸説ある。

実朝たちは武装していなかったとはいえ、わずかの時間で実朝のみならず近臣の源仲章《なかあきら》も殺している点を考えると、公暁一人での実行は難しいはずだ。

単独犯でないとすると共犯がいたことになるが、事件ののち、鶴岡八幡宮の神宮寺の僧数人が関与を疑われて取り調べを受けているものの、嫌疑は晴れている。

単独犯か複数犯かは不明、謎でしかない。

※北条義時黒幕説

公暁は暗殺ののち、実朝の首を掻《か》き切って持ち去った。仇討ちの正当性を示したかったのだろう。だが、公暁の父頼家が殺された時、実朝はまだ十二歳に過ぎなかった。公暁にとっての仇は実朝というよりは、裏で糸を引いていた北条氏だったはずだ。

だから公暁としては、実朝の首を取って次の将軍になることも大切だけど、同時に北条義時を敵として討ちたかったのではないだろうか。

ところが、前述のとおり討ち取ったのは義時ではなく源仲章だった（90ページ参照）。急にめまいを起こした義時に代わり、文章博士《もんじょうはかせ》の源仲章が義時の代役を務めることになったのだったね。そして儀式が終わった復路、仲章は義時と間違われて公暁に殺された。……あまりにでき過ぎた話じゃないだろうか。

「急なめまいで役目を交代したら、自分と間違われてその人が殺されたんです。自分はラッキーでした」by義時。

そんな弁明が聞こえてきそうだけど、いやいや、そんなバカな、ラッキー過ぎるでしょう。このことから、義時こそが黒幕だと見る説が出てくる。

実朝だけでなく仲章まで殺させているのは、自分も狙われたと見せかけ、黒幕であることをカムフラージュする作戦だったというのだ。なるほど……。

たしかに、公暁を使って実朝を殺させ、そのあとトカゲの尻尾《しっぽ》を切るように公暁を始末してしまえば、正統な源氏将軍は完全に途絶える。そののちは自分に権力を集中させ、適当な将軍を据えて裏で操ればいい。一石二鳥、いや一石三鳥ではないか……義時がそう考えて、この事件を裏で操ったというのが「**義時黒幕説**」だ。

しかし、ボクの書いた『愚管抄』は『吾妻鏡』とはずいぶん違う内容だ。**義時は「めまい」など起こしていなかった。**

拝賀の儀式に向かう行列が八幡宮の中門に差しかかった時、実朝は義時に「中門ニトゞマレ」と命じた、とボクは『愚管抄』に書いた。

『吾妻鏡』がこの事実を書かなかった（どころか嘘を捏造《ねつぞう》した）理由として、歴史学者の奥富敬之《おくとみたかゆき》氏は「**北条得宗初代の義時が、『中門ニトゞマレ』と命ぜられる程度の存在だったことを、あえて書くことができなかった**」のではないかと指摘している。

『吾妻鏡』は北条氏全盛期に成立している御用《ごよう》歴史書だから、義時のことを低い存在として書けるはずがない、というわけだ。なるほど、一理ある説だね。

『吾妻鏡』に書かれているような「めまい」は起こしていなかった。だとすれば、「義時黒幕説」の根拠は失われる。う～ん、何が本当なのだろうか？

※三浦義村黒幕説

義時が黒幕でないとすれば公暁の単独犯か、と思いきや、新説を唱えた人がいる。作家の永井《ながい》路子《みちこ》氏だ。

真の黒幕は三浦義村だという説である。右大臣拝賀の儀式に、義村は参加していない。御家人ナンバーツーだった義村がいないというのはどこか不自然だ。

実は、義村はクーデターを目論んでいた。公暁に実朝と義時の暗殺を任せ、成功した暁には自らが打って出て北条氏を襲い、一気に勝負をつける。そのために、軍兵を準備し自邸に身を潜《ひそ》めていたというのだ。

凶行直後、公暁は義村に対して使者を遣わし、「ワレカクシツ。今ハ我コソハ大将軍ヨ」(=私はやったぞ。もう私こそが大将軍だ)と興奮した内容を言い送っている。

ところが、このクーデターを直前に察知した義時は仲章と入れ替わり、危機を逃れた。義時を討ち損じたと知った義村は公暁を裏切り、「迎えの兵士を送ります」と嘘の返事を送ると同時に、わが身を守るために義時に「暗殺犯が公暁である」と告げたのだ。この**永井氏の説は、多くの研究者の支持を集めた**が、それも推測の域を出ない。新たな証拠が出ない限り結論付けることは難しい事件だけど、推理小説のごとく犯人探しをしてみるのも一興だろう（殺された実朝と仲章には申し訳ないけど……）。

※実朝の首はどこへ？

公暁は義村からの迎えを待つ間、後見人にあたる備中阿闍梨《びっちゅうあじゃり》の坊《ぼう》に逃げ込んでいた。公暁は食事中も、決して実朝の首を手元から離さなかったという。

義村からの迎えの使者がなかなか来ないことに業を煮やした公暁は、自ら義村邸に向かった。途中討手《うって》に追い付かれたものの、果敢《かかん》に戦いながらなんとか義村邸までたどり着き、塀を乗り越えて中に入ろうとしたところで討ち取られたという。

まさか義村に裏切られていたとは知る由もなく、命を落としたのだ。

なお、『吾妻鏡』によると、実朝の首は所在不明だけど、ボクの聞いた話では、公暁が逃げた山中の雪の中から発見されたということだ。実朝の首の所在についてすら説が分かれているとはこれいかに!?

4章

まさに伏魔殿！京の都に渦巻く陰謀

なぜ、ぬらくらと「影響力」を維持できたのか？

謀の天才・後白河院は平家と源氏をどう翻弄したか？

後白河院
大丈夫 力になるよ
あっちにいい顔 こっちにいい顔
うん まかせてよ
そんな姿から「日本国第一の大天狗」と呼ばれた
イーヒッヒッ
「今様狂い」な一面も
今様はいいなぁ
歌謡集も作っちゃお

源平合戦に勝利した源《みなもとの》頼朝《よりとも》は、初の武家政権である鎌倉幕府を開く。こうして権力の中心は京から鎌倉に移っていった……と思いきや、朝廷は影響力が失われていくことに対して手をこまねいていたわけではなかった。

それどころか、宮中では伏魔殿《ふくまでん》さながらの陰湿で狡猾《こうかつ》な謀《はかりごと》がめぐらされていた。もちろん計略を企むのは、なかなかの曲者《くせもの》揃いだ。

公家から武家へと政権が移りゆく過渡期に生きた**後白河院**《ごしらかわいん》は、頼朝に「日本国第一の大天狗」と評された人物で、この時代の**陰の主役**の名にふさわしい存在感を持っている。

後白河院は、鳥羽《とば》院の第四皇子として生まれたので、本来皇位継承とは無縁の存在だった。若い頃、当時流行していた「今様《いまよう》」という歌謡に夢中になったりして、お気楽な人生を過ごしていた。

ところが、次の天皇たる皇太子があまりに幼いため、ピンチヒッターとして二十九歳で遅咲きの天皇デビューを果たしたんだ。

当時の天皇は飾り物に過ぎず、さっさと皇位を後継者に譲って上皇、法皇となり、天皇の代わりに直接政務を行う「院政」というスタイルができ上がっていた。そこで後白河天皇もこれに倣って在位三年で次の天皇に譲位し、その後、実に五代の天皇にわたって院政を敷いた。**ピンチヒッターが四番バッターに成長**したようなものだ。

◆平清盛との〝熾烈すぎる〟権力争い

後白河院と平清盛《たいらのきよもり》との権力争いは熾烈《しれつ》だった。

二人の関係は、最初はウィンウィンだった。清盛の力を借りて「保元《ほうげん》の乱」「平治《へいじ》の乱」を乗り切った後白河院は、その見返りに清盛を殿上人《てんじょうびと》、公卿《くぎょう》へと出世させた。清盛だけでなく平家一門は、「平家にあらずんば人にあらず」とまで称されるほど全盛を誇ったのは有名な話だね。

ところが、清盛と平家一門の専横が強まるにつれ、後白河院と清盛との関係は悪化し、ついに清盛がクーデター（「治承《じしょう》三年の政変」）を起こして後白河院は幽閉され、院政は停止されてしまう。

さすがの後白河院も命運が尽きたかと思いきや、不死鳥のごとく復活する。**清盛が病死した**んだ。

大黒柱を失った平家には、清盛に代わる力量を持つ棟梁《とうりょう》はいなかった。全国各地で平家打倒の狼煙が上がる。

後白河院は、木曾義仲《きそよしなか》、頼朝ら源氏側に加担して平家を都落ちさせ、最後は壇ノ浦《だんのうら》で滅亡させてしまった。都落ちの際、平家は後白河院を連れていこうとしたんだけど、機を見るに敏《びん》な院は、さっさと比叡山《ひえいざん》に逃げ込んで平家の都落ちの道連れを逃れた。

◆「三種の神器」をめぐる二位尼との攻防

源氏によって勢力を回復した後白河院にとって、滅びゆく平家など、もはやなんの価値もない存在だった。ただ、安徳《あんとく》天皇と「三種の神器《じんぎ》」を奉じて都落ちされたのには困った。

後白河院は、とりあえず安徳天皇の存在など無視して、新たに後鳥羽《ごとば》天皇を立てた。**二人の天皇が同時に存在するなんて史上初の出来事**だ。しかも三種の神器なしの即位というのも初めてのこと。はっきりいって無茶苦茶だ。

さすがにこれでは恰好がつかないと思った後白河院は、捕虜にしていた平重衡《しげひら》と三種の神器の交換はどうだ、と平家方に打診した。

これには平家も怒り心頭、当然のことながら断固拒否した。

そして源平最後の戦いとなる「壇ノ浦の戦い」において、清盛の妻の二位尼時子《にいのあまときこ》が「絶対に渡すものか」とばかり、三種の神器のうち二つを身に着けて入水してしまったんだ。

後白河院は源氏に対して、何がなんでも三種の神器を捜せと命じたものの、宝剣だけは見つからなかった。ここは二位尼の執念が勝った。あの世で後白河院に向かってあっかんべ～している二位尼の姿が目に浮かぶようだ。

かわいそうなのは後鳥羽天皇だ。三種の神器が揃わないまま即位して治世を過ごすはめに陥り、そのコンプレックスに一生悩まされていたという。

また、二位尼と一緒に入水した安徳天皇はわずか八歳。こちらも悲劇の天皇だ。

◆なぜ頼朝は後白河院を「日本国第一の大天狗」とののしったか

平家が滅ぶまでの間も、いろいろなことがあった。平家の都落ちののちに最初に入京した義仲は野蛮《やばん》過ぎた。やはり木曾育ちに都は似合わない。

そこに現れたのが義経《よしつね》だった。あっという間に義仲を討ち取る活躍を見せた義経は、その後も平家との戦いに連戦連勝。ついに「壇ノ浦の戦い」で平家を滅ぼした。そんな軍神義経に対して、後白河院は高い官位を与えた。

ところが、自分の許可なしに官位を受けたことに頼朝が怒った。さらに、義経と対立していた梶原景時《かじわらかげとき》が頼朝に讒言《ざんげん》したこともあり、ここに頼朝と義経との対立は決定的になった。

「日本国第一の大天狗」と呼ばれた後白河院

義経と頼朝の兄弟げんかの間に立った後白河院は、まず義経に頼まれて「頼朝追討の院宣《いんぜん》」を出した。ところがそのあと頼朝にも頼まれて「義経追討の院宣」も出した。その間、わずか六日。風見鶏《かざみどり》にもほどがある。のちに頼朝が、権謀術数《けんぼうじゅつすう》に長けた後白河院のことを**「日本国第一の大天狗」**と呼んでののしったのも当然だろう。

結局、義経は頼朝に追い詰められて奥州藤原《おうしゅうふじわら》氏のもとへと逃げたものの、最後は藤原泰衡《やすひら》の裏切りによって襲撃され、自害して果てた。

後白河院は、最後の勝利者である頼朝を権大納言《ごんだいなごん》、右近衛大将《うこんえのだいしょう》に任じてご機嫌を取ろうとしたんだけど、頼朝は後白河院など信用していないし、朝廷とは距離を取って鎌倉で武家政権を確立したかった。

そこで、もらった官位をすぐにお返しするという嫌味なことをした。頼朝が求めたのは、武士としての最高位「大将軍」だった。でも、後白河院は後白河院で狸おやじだ。のらりくらりとかわして、その求めには応じなかった。

建久《けんきゅう》三年（一一九二）に、後白河院は六十六歳で崩御した。頼朝が後鳥羽天皇によって征夷大将軍《せいいたいしょうぐん》に任じられたのは、後白河院が崩御した四カ月後のことだった。

◆朝廷の「勢力図」に影響を与えた丹後局とのラブ・アフェア

話は遡って後白河院が清盛のクーデターで鳥羽殿《どの》（白河院・鳥羽院が造営した譲位後の御所）に幽閉された時のこと。後白河院の近臣の平業房《なりふさ》という人も罪を着せられた。業房は伊豆《いず》に配流される途中、脱走して捕らえられ、処刑されたんだけど、彼の妻に、美貌の誉れ高き高階栄子《たかしなのえいし》、通称丹後局《たんごのつぼね》という人がいたんだ。

夫業房の死後、丹後局は幽閉されていた後白河院に近侍した。五十を過ぎていた後白河院と二十代の未亡人……老いらくの恋というにはまだ早いかもしれないけど、**院は丹後局の美貌とエロスにたちまちメロメロになり、子供までもうけた**……こうしたことに関しては、やることが早いね。

その後、後白河院が復権すると、丹後局は政治に介入するようになる。後白河院の寵愛を受けていた彼女の意見は、政治にも大きく反映された。

ボクの兄である**九条兼実《くじょうかねざね》**の書いた日記『玉葉《ぎょくよう》』に、**「この頃の朝廷の政治は、ひとえに丹後局の言葉一つ（唇吻《しんぷん》）によって決まる」**と書かれているように、唐《とう》の時代の玄宗《げんそう》皇帝と楊貴妃《ようきひ》にたとえられるほどの力を持っていた丹後局。「傾国《けいこく》の美女」にならなければいいんだけど……。

平家が安徳天皇を奉じて都落ちした時、丹後局が後白河院に、安徳天皇の次の天皇には後鳥羽天皇を立てるように進言したといわれている。まだ四歳の幼帝ならば御《ぎょ》しやすいと判断したのだろう。

また、平家滅亡後、朝廷と鎌倉幕府との間を取り持つ役目を担った丹後局は、頼朝や大江広元《おおえのひろもと》などとの交渉役も果たすなど活躍して、従二位《じゅにい》まで官位を上げている。清盛の正室時子が「二位尼」と称されたのと同等で、女性にして大臣級の扱いだ。

建久三年（一一九二）、後白河院が崩御すると丹後局は出家したけど、なおも政治に介入し続けた。当時の朝廷の権力の構図は、

九条兼実＝源頼朝

VS.

土御門《つちみ かど》通親《みちちか》＝丹後局

だった。頼朝を後ろ盾とする兼実に対して、丹後局は後鳥羽天皇の后の父である通親と組んで対立したんだ。結果、兼実を失脚させることに成功したのだからすごい（「建久七年の政変」）。

通親と丹後局は後鳥羽天皇を廃し、通親の養女の源在子《ざいし》が生んだ皇子を土御門天皇とした。その後見のような形で通親と丹後局が朝廷の実権を握ったんだけど、通親が死去し、さらに後鳥羽院が成長して自ら強力な院政を開始すると、丹後局の影響力は衰退し、やがて朝廷から去っていった。

晩年は亡夫業房の所領にあった浄土寺《じょうどじ》に住み、「浄土寺二位」と称されたという。「傾国の美女」にならずにすんで、よかったよかった。

朝廷と幕府に〝隠然たる勢力〟を張った土御門通親

源通親は、邸宅の号である土御門にちなんで「**土御門通親**」と呼ばれることが多いんだ。通親は後白河院以下、土御門天皇に至るまで七代にわたって仕えたのだから、仕えた天皇の数ではタイトルホルダーだろう。

典型的な公家スタイルの通親は、朝廷での権力争いに勝つために娘を入内させ、皇子が生まれるとその外祖父として実権を握った。これは平安時代に藤原道長が摂関政治の頂点に立ったやり方と同じだ。こうして内大臣にまで出世を果たした通親を、一代の英傑と呼ぶこともできる。

でも彼の軌跡をたどってみると、出世のために節操もなく人を裏切り、権謀術数を駆使した腐敗政治家と呼ぶのがふさわしいだろう。古い公家政治を体現した「狸おやじ」ともいえる通親の人生を見ていこう。

◆「典型的公家スタイル」で権力者に媚を売りまくり

通親が成人を迎えようとしていた頃は、まさに平清盛が位人臣《くらいじんしん》を極めて内大臣《ないだいじん》、太《だい》政大臣《じょうだいじん》へと上り詰めていく絶頂期にあった。平家が栄華を極める姿を目《ま》の当たりにした若き通親は、自分も朝廷の頂点に君臨したいと考えたんだ。

そこで彼が最初にやったことは、**現在の妻を捨て、清盛の姪《めい》を妻に迎えることだった。**もちろん、清盛に取り入るためだ。なんて節操がない……でも見事に出世頭である蔵人頭《くろうどのとう》の地位を得て、平家と朝廷のパイプ役を果たして認められる。

ところが、ここで予定外のことが起きた。以仁王《もちひとおう》の令旨《りょうじ》をきっかけに、あちこちの源氏が平家打倒の狼煙を上げたんだ。

平家方に立っていた通親は、清盛の死後に平家が落ち目になると、**さっさと二人目の妻を捨てて、三人目の妻を娶《めと》った。**なんて、なんて、節操がない……でも、今度の妻は高倉《たかくら》天皇の第四皇子（のちの後鳥羽天皇）の乳母《めのと》だったから、通親はまんまと天皇の側近の地位を手に入れたんだ。

そして、朝廷の実権を握っていた後白河院に近づき、貢物をするなどして媚《こび》を売った。もうこうなるとあきれてものが言えない、いや開いた口がふさがらない。狡猾な公家の見本といえば見本のような生き方だ。ある意味尊敬に値する。

◆頼朝にも抜け目なく接近する「計算高さ」

源平合戦も終わりを告げ、鎌倉の地で着々と幕府の機構が築かれつつある頃、朝廷内で最も力を持っていたのは院政を行っていた後白河院、ついで太政大臣（のち摂《せっ》政《しょう》）の**九条兼実**だった。

兼実は頼朝と同盟関係を結んでいたけど、それは、頼朝が「日本国第一の大天狗」と呼んだ後白河院の力を抑え込むためのものだった。

後白河院が建久三年（一一九二）に亡くなると、兼実の時代がやってきた。

兼実はボク慈円《じえん》の実の兄なんだけど、彼は真面目を絵に描いたような人物。決して政治家向きとはいえない性格だった。兄の用いた手法は、残念ながら藤原道長以来の摂関政治の踏襲に過ぎなかった。自身の娘を入内させて天皇の后《きさき》とし、皇子が生まれれば外戚の地位を確立するという、古色蒼然《こしょくそうぜん》としたやり方だ。

後鳥羽天皇に入内した娘の任子《にんし》が、後鳥羽天皇の子を懐妊したと聞いて飛び上がらんばかりに喜んだ兼実は、皇子の出産を祈って盛大な祈禱行事を催した。ところが任子が生んだのは皇女だった……失望した兼実の姿が目に浮かぶようだ。

一方、こうした兼実の動きを見ながら着実に反兼実勢力を形成し、虎視眈々《こしたんたん》とチャンスをうかがっていたのが通親だ。

「天皇の外戚」として権力を手にする

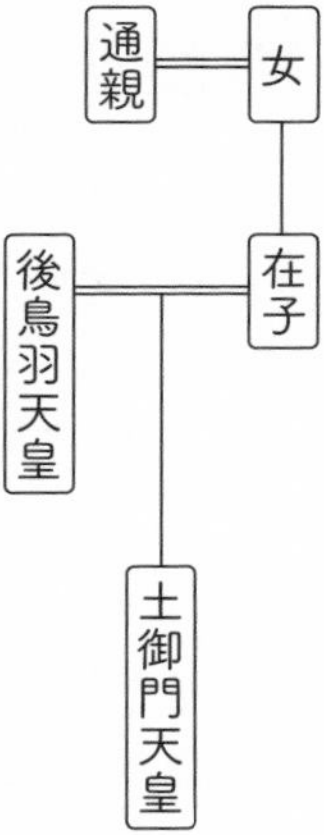

通親には娘がいなかった。そこで三人目の妻の連れ子である在子を養女とし、兼実に負けじと後鳥羽天皇に入内させたところ、第一皇子（のちの土御門天皇）を出産した。悪運が強いとはまさにこのことだろう。

これにより**通親は、天皇の外戚として権勢を振るう道を開いた。**

朝廷で「兼実vs.通親」の争いが起きていた頃、実は鎌倉方も水面下で動いていた。頼朝が朝廷と幕府の融和策の一環として、長女の大姫《おおひめ》を入内させようとしていたんだ。

頼朝は大姫の入内工作を進めるにあたり、同盟関係にあった兼実に話を持ちかけたけど、兼実としては自分の娘のこともあり協力を断った。そこで頼朝は、兼実のライバルである通親に接近したんだ。

したたかな通親は、万一自分の娘が皇子を授かれなかった場合の保険として、頼朝を味方に引き入れておこうと考え、大姫の入内に協力しようとした。

ところがその矢先、通親の娘在子が皇子を授かった。こうなると、大姫の話を進めるわけにはいかない。通親を通して入内工作を進めていた頼朝だったけど、その話はいったん頓挫してしまった。

◆"巧みな根回し"でライバル九条兼実との政争にも勝利

建久七年(一一九六)十一月、通親が動いた。

ライバルの兼実を関白《かんぱく》の座から追い落とし、その娘任子を強制的に宮中から退去させた。九条一門は通親によって排斥されたんだ（**「建久七年の政変」**）。通親が先に手を回していたので、朝廷内で兼実に味方するものはいなかった。

鎌倉方もこの政変を黙認した。頼朝と通親との間に、黙認を条件に大姫入内に協力するという密約があったとされている。でも肝心の大姫が、翌年二十歳の若さで病没してしまい、頼朝の計画は完全に水泡に帰してしまった。なんてこった。


ちなみに朝廷から追放された兼実は、二度と政権の中枢に戻ることはなかったけど、流罪などに問われることもなく、出家して晩年を過ごした。

兼実は真面目なだけあって、十六歳だった長寛《ちょうかん》二年（一一六四）から没する七年前の正治《しょうじ》二年（一二〇〇）まで、**三十七年にもわたって日記『玉葉』を書き綴《つづ》っていた。**『玉葉』は、当時の状況を知る第一級の史料として有名なものだ。

和歌もたしなんだ兼実は、勅撰集に六十首も入集《にっしゅう》されている。次の歌は、兼実の娘任子が後鳥羽天皇に入内した時の祝いの歌だ。

今日よりは　君に引かるる　姫小松　いく万世《よろずよ》か　春にあふべき

訳 入内した今日からは、帝《みかど》と連れ立って生きる我が娘よ。これから先、何万年もすばらしい春を迎えることになるだろう。

兼実と任子の人生の結末を知っているだけに、この歌を今見ると、やるせない思いが湧き上がってくるね。

建久九年（一一九八）正月、通親は強引に後鳥羽天皇を譲位させ、まだ三歳だった土御門天皇の践祚《せんそ》（即位）を強行した。土御門天皇の外祖父だった通親は、院政を敷く後鳥羽院の執事《しつじ》別当《べっとう》として朝政の実権を掌握したんだ。これ以降通親は、「外祖の号を仮《か》りて天下を独歩するの体《てい》なり」と権勢を極め、「源博陸《みなもとのはくろく》」（博陸は関白の異称）と称されることになった（『玉葉』）。

その通親だけど、意外な女性と組んで仕事をした。

それは後白河院の寵姫、「丹後局」だ（167ページ参照）。美貌の誉れ高き女性だった丹後局は、政治に口出しするのが大好きで、後白河院の存命中はもちろん、崩御したあとも政治に介入し続けた。

その彼女と通親が組んで、「建久七年の政変」で兼実を失脚させたのは前述のとおりだ。通親も丹後局の美貌にやられた口だろうか……。

◆頼朝の死に際しても「人事権を乱用」する狸ぶり

建久十年（一一九九）一月、通親のもとに衝撃的な知らせが届いた。

「頼朝死す!!」

通親は大いに慌てた。通親の計画としては、今年の秋の除目《じもく》で自らが右近衛大将に就任し、一方、頼朝の嫡男頼家《よりいえ》を左《さ》近衛中将《こんえのちゅうじょう》に昇進させることで幕府のご機嫌を取る予定だったんだ。

ところが頼朝が死んだとなると、この計画は延期せざるを得なくなる。そこで**通親は、頼朝の死など知らないふりをして臨時の除目を行い、自らの右近衛大将就任と頼家の昇進の手続きをすませた**。ギリギリセーフ!!

ところが、その直後に頼朝の死が知れ渡ると、通親の企みはバレた。でも、そこは狸の通親。周りからの非難を避けるために、自分も初めて頼朝の死を知りましたとバレバレの嘘をつき、弔意《ちょうい》を表すると称して家に閉じ籠もってしまった。
これを見た藤原定家《ていか》は、その日記『明月記《めいげつき》』に「奇謀《きぼう》の至り」と怒りの筆致で記している。「ふざけるな!!」と誰もが言いたいよね。

まんまと出し抜いた（と思った）通親だったが、そのまま何事もないわけがない。案の定、通親に恨みを持つ者による襲撃が企てられているという噂が流れたんだ。臆病者の通親は、「殺される～」と思って院御所に隠れ籠もった。

通親が鎌倉に助けを求めると、幕府は通親支持を決定し、多数の武士が上洛して通親を狙っていた三人の左衛門尉《さえもんのじょう》を捕らえ、事なきを得た（「三左衛門事件」）。悪者はなかなか死なないね～。

ちなみに、通親は若い頃から和歌作りに熱心で、後鳥羽院が設置した和歌所《わかどころ》を運営し、**『新古今《しんこきん》和歌集』の編纂に大きな役割を果たした**。でも残念ながら、『新古今和歌集』の完成を見ることなく、建仁《けんにん》二年（一二〇二）に急死した。享年五十四。意外に若い死だね。

和歌所の主任だった源家長《いえなが》の日記には、「民百姓に至るまで、世の中大騒ぎして通親の死を悲しみ泣き惑《まど》った」と、かなり大げさな賛辞めいたことが書かれているけど、これは身内評だから少々盛り過ぎだろう。

最後に、『千載《せんざい》和歌集』に載っている通親の恋の歌を紹介しておこう。なかなか情熱的な歌だ。

死ぬとても　心をわくる　ものならば　君に残して　なほや恋ひまし

訳 あなたへの恋煩《わずら》いで死んでしまうとしても、心を分けることができるものならば、あなたのもとに残して、さらに恋し続けようものを。

「鎌倉幕府を我が支配下に!!」——後鳥羽院のかなわぬ夢

※三種の神器　想像図

それはそうと鎌倉幕府
ちょっと力付け過ぎだな
義時追討の院宣を
出すか
しかし「承久の乱」で
ボロ負けして隠岐に配流
あ〜もう…
みんな恨むよ…
ザザ——…

後鳥羽院は、日本の天皇史上、特筆すべき記録を三つ持っているんだ。

一つは、「三種の神器」なしで即位したこと。

一つは、安徳天皇と二年間、天皇在位が重複していること。

そして最後の記録は、鎌倉幕府に戦いを挑んで敗れ、隠岐《おき》に配流されたことだ。

文武両道で、『新古今和歌集』の編纂でも知られる後鳥羽院の人生を見ていこう。


後鳥羽院が天皇に即位したのは、わずか四歳の時だ。

その当時、義仲の前に敗れ去った平家は、安徳天皇と三種の神器を奉じて都落ちしていた。後白河院は、天皇と神器を取り戻すための工作を試みたもののうまくいかない。そこで、安徳天皇に代わる新しい天皇を即位させることにし、前代未聞の「三種の神器なき即位」を強行したんだ。


ここで大問題が起きた。安徳天皇が退位しないまま後鳥羽天皇が即位したため、寿《じゅ》永《えい》二年（一一八三）から平家滅亡の元暦《げんりやく》二年（一一八五）まで、天皇の在位期間が二年間重複してしまったんだ。これは日本史上初の出来事だった。

「壇ノ浦の戦い」で滅んだ平家。安徳天皇はわずか八歳で二位尼時子とともに入水し、

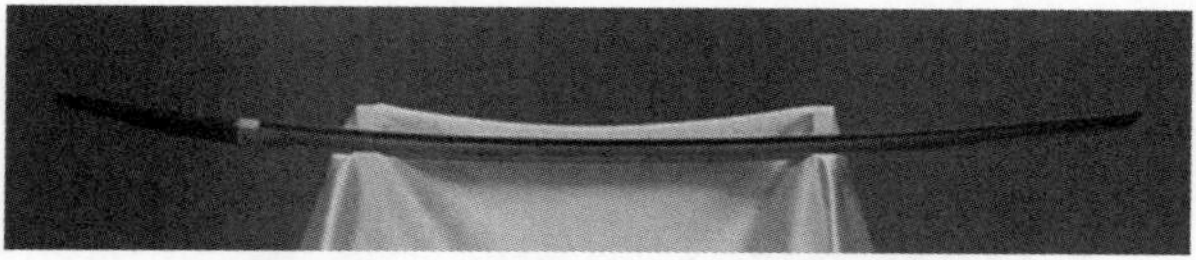

後鳥羽上皇が作刀した菊御作（京都国立博物館蔵）

二人の天皇が同時に存在するという非常事態は解消された。でも、一緒に海に沈んだ「天叢雲《あめのむらくもの》剣《つるぎ》」（別名「草薙《くさなぎの》剣《つるぎ》」）は、どんなに捜しても見つからなかった。

天皇の権威の象徴を失ったままであることに対して、後鳥羽天皇は大人になってもコンプレックスをずっと引きずり続けていたんだ。

だからだろうか、後鳥羽天皇は刀剣にとても強い思い入れがあり、名工を召し出して御番鍛冶《ごばんかじ》とし、月番制で作刀にあたらせた。

また自ら作刀して焼刃《やきば》（刃を焼く時にできる波のような模様）を入れ、それに十六葉の菊紋を毛彫《けぼ》り（金属に毛のように細い線を彫ること）した。これこそ皇室の紋章である十六葉の菊紋の始まりなんだ。

このように、後鳥羽院が自ら作った刀を「菊御《きくご》作《さく》」と呼ぶ。

◆〝後白河院の操り人形〟から「最強上皇」への道

幼くして即位した後鳥羽天皇は、後白河院の操り人形に過ぎなかったけど、二十三歳の時に後白河院が亡くなってから、次第に本領を発揮し始めた。譲位して上皇となり、土御門・順徳《じゅんとく》・仲恭《ちゅうきょう》天皇と、**三代二十三年間にわたって強力な院政を敷いた。**

また、ばらばらだった皇室所有の荘園を集めて経済力を増強し、文化面では管弦や蹴鞠《けまり》など貴族に必須の諸芸の習得に力を注いだんだ。

中でも重視したのが和歌だった。自らも歌人として優れていたが、**『新古今和歌集』の編纂を藤原定家らに命じた**ことは大きな業績だろう。

こうして後鳥羽院は、政治・経済・文化の「三冠王」になった。さらに、普通なら貴族は行わない弓馬などの武術の訓練を行い、自ら作刀もしているのだから**「文武両道」、輝ける最強上皇「四冠王」**だ。

神器なしの即位に対してコンプレックスを抱き続けた後鳥羽院は、それを克服するために刻苦勉励《こっくべんれい》、自らを高めて強力な王権を求めたのかもしれない。

後鳥羽院は、こんな力強い歌を詠んでいる。

奥山の おどろが下も ふみ分けて 道ある世ぞと 人に知らせむ

訳 人も通わない奥山の藪《やぶ》の中に踏み分けて入って、どんなところにも道がある世だと、人に知らせよう。

◆なぜ後鳥羽院は「皇族将軍」案を拒絶したか

後鳥羽院が朝廷で着実に権力支配を強化している間、頼朝という大きな支柱を失った鎌倉幕府は、二代将軍頼家の失脚と暗殺事件に揺れた。

そんな中、三代将軍となった実朝《さねとも》は東国武士とは対照的な都の文化に憧れ、後鳥羽院とも深く親交を結んだ。これは後鳥羽院としては好都合だった。**実朝を取り込むことで幕府内部への影響力拡大を図ることができる**からだ。

そんな中、実朝に子供ができず、源氏将軍が絶えることを不安に思った政子と義時が、後鳥羽院の皇子を迎えて「皇族将軍（宮将軍）」とする案を打診してきた。後鳥羽院は迷った。朝廷と幕府の今後を考えると悪くはない話だ。

しかし、建保《けんぽう》七年（一二一九）に起きた実朝暗殺事件ののち、後鳥羽院はこの案を拒否した。実は、**実朝暗殺の黒幕として後鳥羽院説がある。**「皇族将軍」による朝廷と幕府の融和など笑止千万、幕府など崩壊してしまえ!! そう思った後鳥羽院が公暁《くぎょう》をけしかけて実朝を暗殺させたという説だ。

その真相は不明だが、結局、源頼朝と血縁関係にあった摂関家から二歳の三寅《みとら》を迎え、「摂家《せっけ》将軍」とする妥協案でこの件は決着した。

◆「承久の乱」が招いた〝公家の衰退〟と〝武家の強盛〟

当時の日本の支配体制は、**「東国は鎌倉幕府、西国は朝廷」という二頭政治**の状態だった。後鳥羽院は、鎌倉幕府を朝廷の支配下に置きたい、一方の鎌倉方（北条《ほうじょう》氏）

は、武家政権の独立性を保ちたい――そんな緊張関係にあった。

その均衡《きんこう》がかろうじて保たれていたのは、頼朝から始まる源氏将軍の存在だった。清和《せいわ》天皇の末裔《まつえい》である清和源氏が将軍である間は、互いに腹の探り合いで終わっていた。しかし、実朝が暗殺されたことで源氏が絶え、緊張の糸が切れたんだ。

承久《じょうきゅう》三年（一二二一）五月十四日。後鳥羽院は、流鏑馬《やぶさめ》を口実に畿内《きない》・近国の兵を招集した。そして翌日、執権《しっけん》北条義時《よしとき》追討の院宣を出した。

後鳥羽院は伝家の宝刀である「院宣」を出したことで、全国の武士が鎌倉幕府打倒に向けて立ち上がるだろう、という目論見があった。

たしかに、鎌倉の御家人《ごけにん》たちは院宣に動揺し、「朝敵」として皇軍と戦うことに畏れを抱いた。しかし、北条政子《まさこ》の一世一代の名演説（126ページ参照）を聞いた御家人たちは感動し、「いざ鎌倉!!」と集まってきた幕府軍は総勢十九万。「承久の乱」の勃発だ。

政子の演説に対して後鳥羽院の院宣の効果は薄く、率いる朝廷軍は数千騎。これではまったく勝負にならない。勝負はあっという間についた。幕府軍の圧勝だった。

乱後、上皇だった後鳥羽院は出家して法皇となり、隠岐に配流された。わび住まいの中でも手紙を通して歌合《うたあわせ》をしたり、『新古今和歌集』を手直ししたりした。

後鳥羽院の望郷の思いは切実だったに違いない。しかし、帰京の願いはかなわず、絶望のうちに日々は過ぎていった。そして十九年後の延応《えんおう》元年（一二三九）二月二十二日、配所にて崩御した。享年六十。

◆続く天皇の死……「後鳥羽院の呪い」か？

「承久の乱」後、朝廷を掌握した幕府は「後鳥羽院系の即位は認めない」として、別の系統の天皇を立てた。しかし、そうして立てられた天皇は不遇な最期を遂げており、これは**「後鳥羽院の呪い」**ではないかと噂された。

乱ののち、天皇となったのは後鳥羽天皇の甥にあたる後堀河《ごほりかわ》天皇だ。皇位はその息子の四条《しじょう》天皇に引き継がれたが、四条天皇は幼くして亡くなり、子供もいなかったため、後堀河系統はわずか二代で断絶した。

また、三浦義村《みうらよしむら》や北条時房《ときふさ》・泰時《やすとき》の死も、後鳥羽院の怨霊が原因ともされている。

くわばらくわばら……。

その死後八年して、後鳥羽院の鎮魂を願って鶴岡八幡宮《つるがおかはちまんぐう》の北側の片隅に御霊社《ごりょうしゃ》が建立《こんりゅう》された。

最後に、『百人一首』の九十九番（ちなみに百番は息子の順徳天皇）に撰ばれている後鳥羽院の歌を載せておこう。

人もをし　人もうらめし　あぢきなく　世を思ふ故《ゆえ》に　もの思ふ身は

訳　ある時は人を愛《いと》しく思い、またある時は恨めしく思う。思うようにならないと、この世を思うがゆえに、あれこれと思い悩むことが多いわが身は。

5章

「鎌倉殿」を支えた十三人

「最後に笑った」のは誰か？

陰謀渦巻く「十三人の合議制」

源《みなもとの》頼朝《よりとも》亡きあとの鎌倉幕府は、完璧な一枚岩……というわけではなかった。この章では**「十三人の合議制」に選ばれた御家人《ごけにん》たち**を中心に、水面下で繰り広げられた権力闘争の行方を見ていこう。

正治《しょうじ》元年（一一九九）に設置された「十三人の合議制」は、初代将軍頼朝の死後、二代将軍頼家《よりいえ》の時に発足した鎌倉幕府の集団指導体制だ。

頼家が従来の慣例を無視して恣意《しい》的判断をたびたび行ったため、これはまずいということで、頼家が訴訟を直接に裁断することを禁じ、有力者十三人の合議により決定されることになった。

ただ、十三人全員で合議された例は一度もなく、数人で評議した結果を頼家に伝え、最終的な判断は頼家が下していたようだ。

しかし、発足した早々にメンバーの一人である梶原景時《かじわらかげとき》が失脚。メンバーは北条義時《ほうじようよしとき》を除いて宿老《しゆくろう》(つまり年寄り)ばかりだったので、翌年には安達盛長《あだちもりなが》と三浦義澄《みうらよしずみ》が病死。「十三人の合議制」はわずか一年で解体してしまった。

一体なんのために設置したの〜。

要するに源氏将軍の独裁色を薄め、執権《しつけん》北条氏の権力増大のための布石《ふせき》として、とりあえず「十三人の合議制」というスタイルを打ち出したとしか思えない。

十三人のその後を並べて見てみると、北条氏にとってライバルとなる武士たちはほとんど粛清されていることがわかる。その北条氏も、最後には時政《ときまさ》と義時の父子で争ったのだから、いやはやなんとも壮絶な権力争いだ。

この章では十三人のうちの八人について見ていくが、その前にほかのメンバーをかいつまんで紹介しておこう。

十三人の内訳は、四人が「文士」と呼ばれる京都貴族出身の幕府官僚（左の図表1～4）。残る九人は「武士」だ（同5～13）。

公家だった**三《み》善康信《よしやすのぶ》**は、伊豆《いず》に流されていた頼朝に毎月京都の情勢を知らせる役割を果たしていた。また、**中原親能《なかはらのちかよし》**は大江広元《おおえのひろもと》の兄（226ページ参照）で、もとは京の下級貴族だったが、幕府に招かれてからは一躍出世し、頼朝の代官として朝廷と幕府の折衝役《せっしょうやく》を務めている。**二《に》階堂行政《かいどうゆきまさ》**は、大江広元、三善康信、中原親能らと並んで初期鎌倉政権を支えた実務官僚だった。

足《あ》立遠元《だちとおもと》は頼朝の父義朝《よしとも》とともに「平治の乱」で戦った古参の武士。のち、頼朝が挙兵した時、いの一番に駆け付けて源平合戦で活躍した。武蔵国《むさしのくに》足立郡を本領安堵されたが、これは頼朝による東国武士の本領安堵の第一号だ。

八田知家《はったともいえ》は、義朝の落胤という説もある武士で、源平合戦では頼朝方で活躍した。だが、頼朝に無断で朝廷から任官を受けた際には、「西国へ下る途中の京で任官されるなど、どんくさい馬が道草を食うようなものだ」とののしられた。でも結局は許されたのだから、間抜けだけど憎めない奴、といったところだろうか。頼朝の死後、頼家の下知《げじ》により阿《あ》野全成《のぜんじょう》を誅殺（134ページ参照）したのも知家だ。

1 大江広元《おおえのひろもと》……公文所別当のち政所別当

2 三善康信《みよしやすのぶ》……問注所執事

3 中原親能《なかはらのちかよし》……公文所寄人のち京都守護

4 二階堂行政《にかいどうゆきまさ》……政所令別当のち政所執事

5 梶原景時《かじわらかげとき》……侍所所司《しょし》のち侍所別当……正治二年（一二〇〇）「梶原景時の変」で死亡

6 足立遠元《あだちとおもと》……公文所寄人《よりうど》

7 安達盛長《あだちもりなが》……三河守護……正治二年（一二〇〇）病死。息子は「景盛」

8 八田知家《はったともいえ》……常陸守護

9 比企能員《ひきよしかず》……信濃・上野《こうずけ》守護……建仁三年（一二〇三）「比企能員の変」で死亡

10 北条時政《ほうじょうときまさ》……伊豆・駿河・遠江《とおとうみ》守護……元久二年（一二〇五）「牧氏事件」で追放

11 北条義時《ほうじょうよしとき》……寝所警護衆

12 三浦義澄《みうらよしずみ》……相模守護……正治二年（一二〇〇）病死。息子は「義村」

13 和田義盛《わだよしもり》……侍所別当……建暦三年（一二一三）「和田合戦」で死亡

「讒言癖」で失脚した梶原景時の野心

梶原景時
ぺら
ぺら
ぺら
讒言癖がひどくみんなから嫌われていた景時
ぺら
ぺら
どうやら朝光が〜
頼朝の死後に不満を募らせた六十六人の御家人が連判状を提出
鎌倉幕府
出ていけ!!
鎌倉を追放、その後殺された

治承《じしょう》四年（一一八〇）八月、源頼朝が挙兵した際、**梶原景時**は大庭《おおば》景親《かげちか》の指揮の下、平家方として頼朝討伐に向かい、石橋山《いしばしやま》（現在の神奈川県小田原市）で頼朝軍を打ち破った。

敗走した頼朝軍は散り散りに山中に逃れたが、平家軍は追跡を続け、山中をくまなく捜索した。

「しとどの窟《いわや》」（現在の湯河原町、または真鶴《まなづる》町）の倒木の陰に身を潜めていた頼朝は、景時に見つかってしまう。

もはやこれまで……。頼朝が自決しようとしたその時、奇跡が起こった。

「あいや待たれい!! 私、梶原景時は頼朝公の味方でござる。ここは見なかったことにしてお助け申す。その代わり戦に勝った暁《あかつき》には、私のことをお忘れなきよう」

そう言って景時は洞窟を出ていった。

そして外に出て、

「洞窟の中は蝙蝠《こうもり》ばかりで誰もいない。向こうの山が怪しい」

と叫んだんだ。

こうして景親一行は諦めて立ち去り、頼朝は九死に一生を得た。

◆「石橋山の戦い」で敵方・頼朝を助け、ちゃっかり御家人に

再挙した頼朝のもとに続々と東国武士がはせ参じた。わずか数カ月で数万を擁する大軍となって鎌倉入りした頼朝軍は、大庭景親を捕らえて斬り、リベンジを果たした。この時、**景時は頼朝に降伏し、頼朝と対面して赦《ゆる》され、ちゃっかり御家人に列した。**

「石橋山の戦い」で頼朝を助けておいたことがここで生きた。

景時は「一ノ谷《いちのたに》の戦い」などに参戦し、武将として大活躍しただけでなく、官僚としての能力も高かったので、頼朝は景時を重用した。

ボクも『愚管抄《ぐかんしょう》』の中で、**「鎌倉ノ本体ノ武士」（＝鎌倉殿の第一の家来）**、**「一ノ郎党」**と書いておいたくらい優れた人物だったんだ。

頼朝が亡くなり、頼家が二代目の将軍になると、「十三人の合議制」が実施されることになり、景時は当然これに列した。

その年の十月、御家人の一人である結城《ゆうき》朝光《ともみつ》が夢でお告げを受けたとして、亡くな

挙兵後、敗れた頼朝が身を隠したという「しとどの窟」。ここでの出来事が頼朝の運命を分けた

った頼朝のために「一万遍《いちまんべん》の念仏」を称えることを傍輩《ほうばい》に勧め、将軍御所の侍所《さむらいどころ》で「南無阿弥陀仏」を称えることになった。

そして、その場で朝光が、

「忠臣は二君に仕えずと申す。頼朝公が亡くなられた時に、あとを追うなとのご遺言さえなければ、私は出家したものを……」

と語るのを聞いて、その場にいた皆が涙したことがあった。

朝光は頼朝の「隠し子」ではないかと噂されていたほどかわいがられた御家人で、本人としては頼朝の死を純粋に悲しんだだけだった。

ところが、これを聞き逃す景時ではなかった。景時は別名で「平三《へいざ》」と呼ばれていたが、頼朝に仕えているうち、**何かと讒言《ざんげん》する傾向があったので、「讒言の平三」というあだ名がつけられた。**

景時は、朝光が「忠臣は二君に仕えず」と述べたことを、現将軍に敵対していると歪曲《わいきょく》して頼家に讒言した。完全に言いがかりのレベルだ……。

◆「告げ口」に閉口していた御家人たちから連判状が！

それから二日後、朝光は北条政子《まさこ》の異母妹である阿波局《あわのつぼね》から、

「先日の貴方の発言を聞いた梶原景時が将軍に讒言したことで、貴方は殺されてしまうかもしれません」

と告げられた。

驚いた朝光は、すぐさま親交のあった**三浦義村《みうらよしむら》**に相談した。するると義村は、「十三人」のメンバーである**和田義盛《わだよしもり》**と**安達盛長**に相談した。相談のリレーだね。

その結果、署名を募って景時の弾劾を将軍に訴えるのが良い、ということになった。

次の日、有力御家人である数十人が鶴岡八幡宮《つるがおかはちまんぐう》の廻廊に集まり、景時排斥を求める連判状《れんぱんじょう》が作成された。

「景時の告げ口には閉口してたんだ」

「オレもだよ」

と、**事件からわずか三日で六十六人もの御家人が連判状に名を連ねた。**景時は、日頃からいかに多くの御家人の恨みを買っていたかがわかるというものだね。

◆鎌倉から追放された景時一族の最期

将軍頼家は連判状を景時に見せて、事の真偽を問うた。

景時は、なんの申し開きもしなかった。六十六人もの御家人の名が連なる連判状を突き付けられ、ただただ悲しく、そしてすべてを諦めたのだろう。

その後、景時は鎌倉から追放されることとなり、屋敷はバラバラに解体され、守護《しゅご》職も失ってしまった。

正治二年(一二〇〇)一月、覚悟を決めた景時は、一族を率いて上洛すべく故郷の相模一宮《さがみいちのみや》を出立した。『吾妻鏡』によれば、景時の上洛の目的は、新たな征夷大将軍《せいいたいしょうぐん》を立てて自分が執権になるため。つまり反乱を企てていたというんだ。

でも上洛の途中、駿河国《するがのくに》の清見関《きよみがせき》にて「たまたま出くわした」在地の武士たちに襲撃され、景時と嫡子景季《かげすえ》以下、一族三十三人は全滅。**梶原景時は家来の介錯《かいしゃく》で切腹し、三十三人の首は路上に晒された。**

景時の辞世の歌が残されている。

もののふの 覚悟もかかる 時にこそ こころの知らぬ 名のみ惜しけれ

訳 武士たる者の覚悟も、このような時にこそ明確になるものだ（潔《いさぎよ》く死ぬ覚悟だ）。しかし、不本意な汚名を残すことだけが残念だ。

◆ 真相は〝北条氏のめぐらした謀略〟なのか？

この**「梶原景時の変」**と呼ばれる事件について、『吾妻鏡』では**「二代にわたる将軍の寵愛を誇って傍若無人《ぼうじゃくぶじん》に振る舞い、多年の積悪《せきあく》がついに身に帰した」**と記され、

静岡県の清見関にて、梶原一族は全滅した。
関所がなくなった今は清見寺が残されている

景時の自業自得、因果応報だと厳しく断じている。

ところが、真実はどうも違うようなのだ。『玉葉《ぎょくよう》』によると、そもそも景時が結城朝光のことを讒言したということ自体が嘘だという。

景時が将軍頼家に話した本当の内容は、「北条氏が実朝《さねとも》を将軍に担いで、頼家を廃する陰謀がある」というものだった。

だとすると、本当に困ったのは北条氏だ。そこで北条氏は、景時を追い落とす作戦に出た。

景時の讒言癖を利用し、日頃から不満の溜まっている御家人たちをたきつけ、景時を追放することにしたんだ。

景時が頼家にしたとされる讒言、その内容を朝光に告げたのは、阿波局。

彼女は北条時政の娘で、実朝の乳母《めのと》でもあったので、「北条=実朝」ラインに加担するのは当たり前。六十六人の御家人による景時弾劾の連判状に、北条時政と義時の名が見られないという点も、ものすご〜く怪しい。

北条氏を悪者にしないために、都合良く事実を秘匿《ひとく》した『吾妻鏡』の嘘の一つと見るべきだろう。

景時は、連判状の背後にちらつく北条氏の影が見えたに違いない。

ちなみに、梶原一族が全滅させられた駿河国は、時政の所領。

『吾妻鏡』には「たまたま出くわした」武士団と戦闘になったと書かれているけど、そんなのは真っ赤な嘘。時政の命で待ち伏せしていた武士たちに襲われたのだろう。

連判状には名を連ねなかった時政だけど、この事件に関与していた可能性は限りなく高い。

景時を追放した三年後、北条氏の陰謀によって頼家は追放され、伊豆の修禅寺に幽閉されたのちに暗殺される。

その後、実朝が三代将軍となって時政が実権を握っていることからも、「梶原景時の変」は、北条氏による他氏排斥の一つと考えるべきだろう。

なぜ比企能員は「北条時政との政争」にあっさり敗北したか

平治元年（一一五九）に起きた「平治の乱」で源義朝が敗死し、その息子頼朝が処刑をなんとか免れて伊豆に流罪となった。

その時、頼朝の面倒を見ていたのが、乳母だった**比企尼**《ひきのあま》だったんだ。夫が武蔵国比企郡の代官となったので、ともに京から領地へ下った比企尼は、頼朝の世話役として食料や衣類などを送り続け、また娘婿に頼朝への奉仕を命じた。親子で献身的に頼朝を支え続けたんだ。

それから二十年間の月日が流れた。

頼朝が挙兵し、源平合戦（「治承《じしょう》・寿永《じゅえい》の乱」）を制して平家を滅ぼした。二十年もの間、母親代わりで世話をした息子が征夷大将軍となり、鎌倉幕府を築き上げていく姿は、比企尼にとって誇らしいことだったに違いない。

一方、将軍となった頼朝も、比企尼の恩を忘れなかった。比企尼の甥で、養子となった比企能員《よしかず》を頼朝は重んじた。また頼家が生まれた時、能員の妻を乳母に任じ、さらに能員の娘若狭局《わかさのつぼね》を頼家の妻として迎えたりした。

このように、二代にわたって源氏の乳母となり、婚姻関係も結ぶなど、比企氏と将軍家は長く深い信頼関係を築き上げていたんだ。

◆鮮明に浮かび上がる「北条氏vs.比企氏」の対立構図

二代将軍頼家がわずか三カ月で「暗君《あんくん》」の烙印を押され、「十三人の合議制」へと移行してほどなく**「北条氏vs.比企氏」という構図**が鮮明に浮かび上がってきた。

頼家の次に誰が将軍になるかは、その将軍の背後（外戚）にいる比企氏と北条氏にとって、一族の命運を左右することだった。

比企能員は、頼家に嫁いだ娘の若狭局が生んだ一幡《いちまん》を将軍にしたい。

北条時政は、頼朝と政子の次男実朝を将軍にしたい。

不倶戴天《ふぐたいてん》とはこのことだろう。どちらかが滅ぶしかない。

そんな時、頼家が重い病にかかった。

頼家が危篤に陥るやいなや、「待ってました!!」とばかり時政は速攻で動いた。将軍頼家の持っていた権力を、一幡と実朝に半分ずつ分け与えるという案を通したのだ。

危機感を抱いた能員は、病に伏していた頼家のところへ走り、「北条氏が謀反を企ております」と告げた。それを聞いた頼家は将軍の権限で「時政追討」の命令を発することを決めた。

ところがこの密談を、頼家の母政子が密かに聞いていて、すぐさま時政に告げた。時政は先手を打って能員を討つ計略をめぐらし、能員に「宿願だった仏像がやっとできました。その開眼《かいげん》供養を行うので、ぜひおいでいただきたい」と嘘の誘いをする。

この招待に対して、比企一族は疑念を抱いた。「お父さん、これは絶対何か裏がありますよ、行かないでください」と息子たちは引き留めた。でも、能員は聞かなかった。

「欠席したりすると逆に疑われる、大丈夫、大丈夫!!」と反対を押し切り、わずかな供を連れて平服で時政邸に向かったんだ。

◆頼朝に深く信頼された比企一族のあっけない最後

飛んで火に入る夏の虫とはまさにこのこと。待ち構えていた屈強な武士たちによって能員はいとも簡単に殺された。

その直後、控えていた手勢が比企氏の館に向かって繰り出した。能員の死を知った比企一族は、将軍頼家の息子一幡の屋敷である小御所《こごしょ》に立て籠もって戦ったものの、準備をしていなかったうえに多勢に無勢、どんどん討ち死にしていく。追い詰められた比企一族は館に火を放ち、自害した。

一幡はわずか六歳だった。女装して逃げ出した能員の嫡男も変装を見破られて討たれた。残る親族もことごとく殺害されたという。

ここに比企氏は全滅した。

能員の屋敷跡に建てられたという鎌倉市比企谷《ひきがやつ》の妙本寺《みょうほんじ》に、今も比企一族の供養塔と一幡の袖塚《そでづか》が残っている。合掌。

◆〝濡れ衣を着せられた無念〟が六十年後、怨霊となり――

ちなみにこの「比企能員の変」自体、北条氏のでっち上げであるという説が有力だ。『吾妻鏡』に記されている、能員と頼家の「時政追討」に関する密談や、それを政子が「密かに聞いていた」などの事実はすべて捏造されたものだと考えられる。

比企氏は北条氏によって濡れ衣を着せられ、一族全滅に追いやられたのだ。「歴史は勝者が作る」。「比企能員の変」の悲劇は、まさにこの言葉がぴったりくる出来事だろう。

変の約六十年後、**第七代執権北条政村《まさむら》の娘が、能員の娘讃岐局《さぬきのつぼね》の怨霊に取り憑《つ》かれたことがあった。**

大蛇となって現れた讃岐局はとぐろを巻き、火炎の中で苦しみ続けていると恨みごとを言い、見る者を恐怖に陥れたという。

前述の妙本寺には、日蓮《にちれん》が讃岐局の怨霊を成仏《じょうぶつ》させ、蛇苦止《じゃくし》明神と名付けて祀ったという蛇苦止堂が今も残されている。

和田義盛が〝北条氏の挑発〟に乗ってしまった理由

宿老のわしが邪魔なのだろう
和田義盛
ウーム…
義時どのは様々な手でわしを滅ぼそうとしている…
戦うことを決意した義盛は本家当主である三浦義村に挙兵を依頼したが…
頼む!
はい
実は義村は裏で義時と通じており
ひそ
ひそ
裏切られて討ち死にとなった

治承四年（一一八〇）、以仁王《もちひとおう》の令旨《りょうじ》を受けた頼朝が挙兵すると、相模国三浦郡和田（現在の神奈川県三浦市）に住む**和田義盛**は頼朝のところへ駆け付けた。「石橋山の戦い」で敗れ、行方《ゆくえ》がわからなくなっていた頼朝と合流した時、義盛は頼朝が無事であったことに感激し、一度や二度の負けなど気にする必要はないですぞ、と励ますとともに、**「天下を取ったのちには私を侍所別当《べっとう》に任じてください」**と、**本気とも冗談ともつかないお願い**をした。

再起に成功した頼朝が幕府開設の地固めに入り、義盛は望みどおり初代侍所別当に任じられ、また、鎌倉御所が完成した際の儀式では、居並ぶ御家人の最前に立つという栄誉に浴している。義盛の有頂天ぶりが目に見えるようだ。

◆源平合戦、奥州征討での「輝かしい武功」

源平合戦のクライマックス、「壇ノ浦《だんのうら》の戦い」に軍奉行《いくさぶぎょう》（戦いの際、臨時に設けられた軍事に関する最高責任者）として従軍した義盛は、自慢の強弓《こわゆみ》で平家軍に向けて矢を放った。その距離は二町とも三町ともいわれている。これは二百〜三百メートルというものすごさだ。

その矢には自分の名前が記してあり、義盛は**「その矢を射返してくれないか？　まあ、届かないだろうけど（笑）」**と平家を挑発した。

それに対して平家方も意地になって強弓の使い手を探し出し、見事に矢を射返させて義盛の鼻をへし折った。

プライドを傷つけられた義盛は、名誉挽回とばかり獅子奮迅《ししふんじん》の活躍をしたそうだ。

また、その後の奥州《おうしゅう》征討においても武功を立てて、前述のとおり頼朝に重んじられたんだ。

◆なぜ北条義時は「和田一族」を葬り去りたかったか

建久《けんきゅう》十年（一一九九）に頼朝が死去し、頼家が二代将軍になると、義盛は宿老として「十三人の合議制」に列した。

その後、次々に起こった御家人同士の血で血を洗う権力闘争において、基本的に北条氏側に立った義盛だったが、気が付くと六十歳を迎えていた。もはや自分の役目は終わったと考えた義盛は、地方に下って穏やかな老後生活を送ることを望んだけれど、願いは聞き届けられなかった。

というのも、執権義時にとって和田義盛は「目の上のたんこぶ」、葬り去らなければならない相手だったからだ。義時は和田一族を滅ぼす機会を虎視眈々とうかがっていた。

建暦《けんりゃく》三年（一二一三）、泉親衡《いずみちかひら》が頼家の遺児である千寿丸を将軍として擁立し、北条氏を打倒しようとする陰謀が露呈した（「泉親衡の乱」）。

この陰謀自体、本当にあったのかどうか怪しいのだが、ともかく逮捕された者の自白から、和田義盛の子の義直《よしなお》・義重《よししげ》と甥の胤長《たねなが》の関与が明らかにされた。

慌てたのは義盛だ。すぐさま将軍実朝のところに行って、これまでの功績をまくしたて、子息や甥の赦免を願い出た。その結果、子息二人は許されるが、甥の胤長は事件の張本人であるとして許されなかった。それどころか、助命嘆願に訪れた和田一族の目の前で、胤長は縄で縛られて引き立てられる屈辱を味わわされたんだ。

◆「座して死を待つ」くらいなら「死を賭して戦う」

この時点で義盛は、義時の真意は自分を滅ぼすことにあると気づいたに違いない。梶原氏や比企氏、畠山《はたけやま》氏を滅ぼした事件は、すべて北条氏による卑怯な謀略であり、今度は和田一族がその罠《わな》にはまったのだと。

すでに老境に入っていた義盛だったが、こんな卑劣な手段を使う相手に対して何もせず、座して死を待つくらいなら死を賭《と》して戦おうと覚悟を決めた。

この戦いで義盛が頼りにしたのが、本家にあたる三浦氏の当主義村だった。義村の父義澄とは頼朝挙兵以来の仲、互いに「十三人の合議制」にも選ばれた宿老だ。義澄が亡くなってからすでに十年以上経っているが、嫡男の義村は信頼できる男だ、きっと味方になってくれるに違いない、と義盛は考えた。

義盛から連絡を受けた義村は、挙兵の協力を約束し、起請文《きしょうもん》（約束を破らないという誓約書）まで書いた。だが、義村は裏切った。変心して義盛の謀反を義時に通報したんだ。いや、**変心したのではなく、実は義村は元々義時と通じていた**。義盛がそれ

江ノ電「和田塚」駅は、和田義盛の墓があることから
名付けられた駅名。この地で和田一族は終焉を迎えた

を知らなかっただけだ。何も知らない義盛は、一族とともに挙兵した。

武勇で知られる和田一族は強かった。だが、多勢に無勢。和田一族は次々と討たれた。愛息義直が討ち死にした時、義盛はなりふり構わず声をあげて悲嘆号泣した。

そこへ敵の郎党《ろうとう》が襲いかかり、ついに討ち取られた。享年六十七。

横須賀市にある浄楽寺《じょうらくじ》には、義盛が奉納したといわれる運慶《うんけい》作の阿弥陀《あみだ》三尊《さんぞん》像とともに、毘沙門天《びしゃもんてん》像と不動明王《ふどうみょうおう》像が今も残っている。その雄々しい二体の像は、坂東《ばんどう》武者の鑑たる剛勇の士といわれた義盛を思わせる姿をしている。

北条義時と組んで幕政を動かした三浦義村のしたたかさ

治承四年（一一八〇）、頼朝が平家打倒を掲げて挙兵した時、「待ってました」とばかり**三浦義澄**は参陣した。なにせ「平治の乱」で敗れてから二十年も、このチャンスを待ち続けていたんだから。

頼朝の御家人となった義澄は、数々の戦いで武功を立て、頼朝が死去したあと「十三人の合議制」が開始された時も、その一人に列せられた。

でも寄る年波には勝てず、「梶原景時の変」（202ページ参照）の三日後、義澄は七十四歳で病死、続いて安達盛長も病死したことで「十三人の合議制」は解体した。

◆三浦氏と北条氏の「強い結び付き」を示す〝通字〟とは

義澄の跡を継いで三浦氏の棟梁《とうりょう》になったのは、嫡男の**義村**だった。

「十三人の合議制」が解体したあとは、義村の伯父にあたる北条時政が、ひたすらライバルたちを粛清していく時代に突入する。

かなり強引で腹黒いやり方だったけど、とにかく時政は次の将軍に実朝を立て、自らは初代執権となって幕府の実権を握るに至った。

しかし時政は、その後の「牧氏事件《まき》」（79ページ～参照）で失脚する。

いよいよ**北条義時と三浦義村の時代**に突入だ。これはつまり、頼朝とともに起ち、鎌倉幕府を作り上げた初代から、二代目にシフトした、ということだ。

義時と義村は従兄弟同士。歳も近くて仲が良かった。

ちなみに「義時」という名の「義」は三浦氏の「通字《とおりじ》」であり、「時」は北条氏の通字だ。通字というのは、人の名に祖先から代々伝えて付ける文字。たとえば源氏では、頼朝・頼家の「頼」、義朝・義経の「義」などだ。

そう考えると、**「義時」という名は、三浦氏と北条氏の通字の二字で成っていること**がわかる。それだけ両氏の結び付きは強かったということだろうか。

◆朋輩への裏切り「三浦の犬は友を食らう」

義時と義村のタッグがまず功を奏したのは「和田合戦」においてだった。

義時は、和田氏を排斥するために、宿老の和田義盛を挑発し追い詰めていく。すでに老境に入っていた義盛だったけど、義時のひどいやり方に対して怒り心頭、武士らしく戦う覚悟を決め、反北条派を誘って挙兵を決意する。

その時、義盛が頼りにしたのが、本家にあたる三浦氏の当主義村だったんだ。

ところが、その読みは見事に外れ、義村は裏切った。いや、義村は元々義時と通じていたんだ。

義村は義時に和田一族の挙兵を告げるや、御所の護衛に付いた。義村が裏切ったとも知らず、義盛は挙兵した。武勇で知られる和田一族は強かったけど、将軍源実朝を擁し、多数の御家人を集めた義時を前に義盛は討ち取られ、一族は滅ぼされた。享年六十七。

「最恐タッグ」の強い結び付き

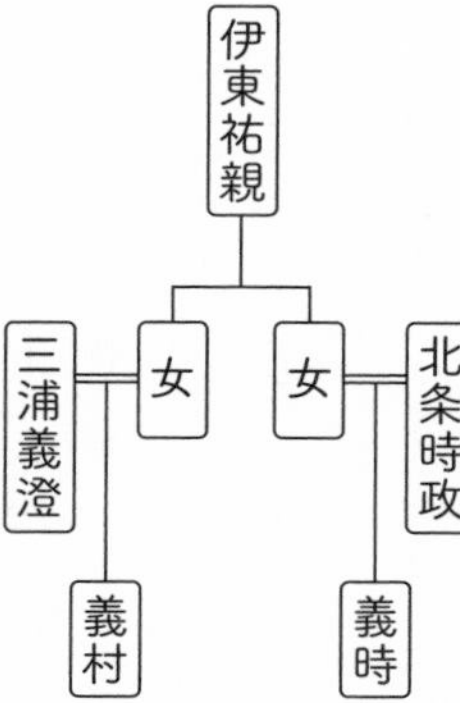

『古今著聞集《ここんちょもんじゅう》』には、こんな話が書かれている。
将軍御所の侍の間で上座《かみざ》を占めていた義村に対して、あとからやってきた下総国《しもうさのくに》の豪族千葉《ちば》胤綱《たねつな》がそれより上座に着座した。まだ若く、それほど功績があるわけでも

ない胤綱が、自分より上座に座ったことを不快に思った義村が、**「下総の犬めは寝場所を知らぬな」**とつぶやいた。

それに対して胤綱は、**「三浦の犬は友を食らうぞ」**と切り返し、「和田合戦」での義村の裏切りを批判したという。

◆実朝暗殺は義時と義村の〝共謀〟なのか？

やり方は卑怯かもしれないけど、義村は建保《けんぽう》六年（一二一八）、侍所所司《しょし》（侍所の次官）に就任し、これで幕府内で**執権北条義時と三浦義村のワンツー**が確定した。

その翌年の一月二十七日、将軍実朝が公暁《くぎょう》に暗殺されるという大事件が起きた。この暗殺事件は、北条義時と三浦義村が裏で手を組んで起こした可能性が否定できない（157ページ参照）。

実朝が暗殺され、公暁が亡くなることで得したのは、義時と義村だ。義時は政子とともに、まだ幼い三寅《みとら》（のちの四代将軍藤原頼経《ふじわらのよりつね》）を補佐して幕府の実権を握り、義村は公暁討伐の功により、同年駿河守に任官した。

ボク慈円《じえん》は、公暁による実朝暗殺は、「義時と義村の共謀説」を本命と見ている。

承久《じょうきゅう》三年（一二二一）に起きた**「承久の乱」でも、二人の見事な裏切りタッグが功を奏する**（共謀して悪事を働くという意味では「タッグ」ではなく、「ぐる」と呼んだほうがいいかも）。

後鳥羽《ごとば》院の近臣だった弟の三浦胤義《たねよし》から、「勅命《ちょくめい》に従って義時を追討すべし」と決起をうながす書状を受け取った義村は、これを義時に提出し、弟には協力しないことを伝えたんだ。

そして自ら幕府軍の大将の一人として軍を率いて上洛し、勝利した。弟の胤義は敗走して、東寺《とうじ》へ籠もり奮戦するも、自刃して果てた。

このように、三浦義村の人生は、裏切りの連続だ。

貞応《じょうおう》三年（一二二四）、北条義時が病死すると、後家となった伊賀《いが》の方《かた》が実子の政村（泰時の異母弟。のちに七代執権）を次の執権にすることを企んだ。政村の烏帽子《えぼし》親《おや》であった義村はこの陰謀に加担しようとしたけど、この動きを察知した政子が義村宅に乗り込んできた。

政子に事の次第を問いただされた義村は、その気迫に翻意し、二心《ふたごころ》はないと釈明するしかなかった。

事件は未然に防がれ、伊賀の方一族の追放のみで収拾したけれど、ここでも義村の「卑怯なスタイル」は一貫している。

◆全盛を誇った三浦一族も義村の息子の代には「戦わずして死す」

京で冷静に鎌倉のことを見ていた藤原定家《ていか》は、その日記『明月記《めいげつき》』で義村のことを**「八難六奇《はちなんろつき》の謀略、不可思議の者か」**と評した。要するに、「権謀術数の限りを尽くし、腹に一物あって読めない男」ということだけど、むべなるかな。

功成り名を遂げた義村は評定衆《ひょうじょうしゅう》に就任し、「御成敗式目《ごせいばいしきもく》」の制定にも署名した。四代将軍藤原頼経にもうまく取り入った。

もうこれ以上、望むものは何もない。

延応《えんおう》元年（一二三九）死去。正確な享年はわかっていない。

義村の跡を継いだ息子の泰村《やすむら》と光村《みつむら》は、北条氏を凌《しの》ぐほどの権力を持つようになったため、宝治《ほうじ》元年（一二四七）の**「宝治合戦」**で五代執権時頼《ときより》と安達景盛《かげもり》（「十三人の合議制」の一人、安達盛長の嫡男）らによって滅ぼされた（234ページ参照）。

三浦氏は和平路線を取って最後まで決起せず、五百余人にも及ぶ一族・家人《けにん》郎党は自刃して果てたという。**全盛を誇った三浦氏の最後は、「戦わずして死す」という悲劇で終わる。**合掌。

各地に散った三浦氏の落人《おちうど》たちは、三浦氏のシンボルである「かやの木」を庭に植え、一族の目印としたといわれている。

“冴えわたる実務能力”で鎌倉幕府の「裏方」を仕切った大江広元

鎌倉幕府の政所《まんどころ》の初代別当を務めた**大江広元**は、幼い頃、養子に出され、養父が中原《なかはら》姓だったので、長らく「中原」を名乗っていた。還暦を過ぎたあたりで、実家の大江氏の跡を継ぐことを決心して大江姓に改めた。

だから、鎌倉幕府の政所初代別当の名は、本当は「中原広元」が正しいことになる。京で生まれ育った広元は、六条《ろくじょう》天皇や高倉《たかくら》天皇に仕える下級貴族だったけど、養家の兄である中原親能が源頼朝の側近だった関係で、鎌倉に呼ばれ頼朝に仕えることになった。

広元は実務能力が高く、公文書の管理を行う公文所《くもんじょ》の別当となり、のち、公文所が政所と改められてからも別当を務め、幕府創設に裏方として貢献した。

広元が関わった政策として最も大きかったのは、**守護・地頭《じとう》の設置**だろう。守護・地頭の任命を許可する勅許《ちょっきょ》が下された文治《ぶんじ》元年（一一八五）をもって、鎌倉幕府の成立年とする説が最有力なくらいなんだからね。

◆〝抜群の安定感〟で血塗られた抗争と一線を画す

頼朝の死後も、広元は兄の中原親能とともに「十三人の合議制」の一人に選ばれ、北条時政・義時、政子などともうまく関係を築いて幕政に参与し続けた。**抜群の安定感がある人物**だったんだろう。

結局、広元が仕えた主君は、朝廷では六条天皇・高倉天皇（安徳《あんとく》天皇）、鎌倉幕府では頼朝・頼家・実朝と長期にわたり、嘉禄《かろく》元年（一二二五）に七十八歳で亡くなった。

血塗られた御家人同士の抗争の中において、七十八歳まで生きたのだから大満足の大往生、といいたいところだけど、「承久の乱」の際、長男の大江親広《ちかひろ》が朝廷側に付いたため、親子で戦う不幸に見舞われた。

軍議が開かれ、朝廷方を箱根・足柄《あしがら》で迎え撃つとする慎重論に対し、広元は京への積極的な出撃を主張し、政子の決断で出撃策が取られた。結果、大勝利に終わったんだけど、広元は朝廷のことに通じていたから、後鳥羽院に味方する者が少ないことを見抜いていたのだろう。さすがだ。

ちなみに長男親広は、乱のあと姿をくらまし、東北に落ち延びて隠棲《いんせい》したという。

◆「泣いたことがない」広元の一回きりの涙

広元のエピソードを一つ書いておこう。

「大人になってから涙を流した記憶がない」と豪語していた沈着冷静な広元が、一度だけ涙を流したことがあった。それは建保七年（一二一九）、三代将軍実朝が右大臣《うだいじん》拝賀の儀式のために鶴岡八幡宮に出立する直前のこと。

実朝のそばに近侍していた広元は、わけもなくあふれ出る涙に胸騒ぎがした。そこで実朝に、「泣いたことがない私が涙を禁じ得ないとは、ただ事ではありません。用心のため、束帯《そくたい》（公家の正装の時の装束）の下に鎧を召してください」と進言した。

でも、実朝は広元の言葉を一笑に付して鎧を着用しなかった。実朝はこのあと公暁に暗殺されることになる。『承久記』によると、実朝は、公暁の振り下ろす一の太刀を腰に差していた笏《しゃく》で受けたけど、二の太刀で斬られた。**実朝は、「広元はいるか」と叫んで落命した**という。

なお広元の四男大江季光《すえみつ》（領地の地名から毛利季光とも）は、「宝治合戦」で三浦泰村に味方して三浦一族とともに頼朝の持仏堂であった鎌倉の法華堂《ほっけどう》で自害している（234ページ参照）。でも、その子孫は安芸《あき》毛利氏の始祖となって、戦国大名たる毛利元《もと》就《なり》に繋がっているんだから、たいしたもんだね。

出家後も「執権の外祖父」として権勢を強めた安達景盛

安達景盛の話を始める前に、まず景盛の父の**安達盛長**のことを書いておこう。盛長は、頼朝が伊豆の流人であった頃から仕えていた坂東武士だ。出自ははっきりしていないし、「安達」姓も「奥州合戦」後に陸奥国《むつのくに》安達郡（現在の福島県安達郡）を本領地とした折に名乗ったくらいだから、身分は高くなかったのだろう。

頼朝の乳母である比企尼の長女を妻とした盛長は、頼朝の挙兵に従い、源平合戦で数々の手柄を立てた。生涯幕府内で官職に就くことはなかったが、**頼朝からの信頼は厚く、個人的な付き合いもあった**ようだ。頼朝の死後、宿老として「十三人の合議制」の一人にも選ばれている。

「梶原景時の変」では、中心となって景時を鎌倉から追放して滅ぼしたんだけど、その翌年六十六歳で死去している。当時としては、天寿を全うしたといえるだろう。

そんな安達氏だけど、本当の物語は、次の**安達景盛**の代から始まるんだ。

◆「ウルトラ美人の妾」を将軍頼家に強奪される!?

景盛は盛長の嫡男。叩き上げの父の後ろ姿を見て育っただけあって、骨があるタイプだった。逆に頼朝の嫡男の二代将軍頼家は、ボンボンでわがまま、そのうえ武士のくせに蹴鞠《けまり》好き。二人が「犬猿の仲」なのは当然のことだった。

実は、**景盛は頼朝の御落胤《ごらくいん》だという説**もあり、頼家が景盛を嫌ったのはそのあたりが影響しているかもしれない……。

景盛がウルトラ美人の妾を持った際には、女好きの頼家は景盛の留守を狙ってその女性を強奪してしまった。さらに景盛を討とうとまでした。この時はさすがに見かねた政子が、頼家を叱ったのは前述のとおりだ。

◆尼将軍の「伝説のスピーチ」を代読

こうなると、景盛が頼家と仲良くする理由はない。比企氏が滅ぼされ、後ろ盾を失った頼家が将軍職を追放され、暗殺されるに及んで胸をなでおろした一人だろう。景盛は、三代将軍実朝の代になると、実朝と北条氏の側近として仕えた。「畠山重《しげ》忠《ただ》の乱」(88ページ)や「和田合戦」などで、幕府創設以来の有力御家人が次々と滅ぼされる中、景盛は北条氏、三浦氏とともに主要な御家人の一員となったんだ。

建保七年(一二一九)一月、実朝が暗殺されると、景盛はその死を悼んで出家したけど、出家後も高野山《こうやさん》に居ながら幕政に参与した。

なんといっても有名なのは、承久三年(一二二一)の「承久の乱」に際して、尼将軍政子が御家人たちを鼓舞した演説(126ページ参照)。この演説は『吾妻鏡』によると、本当は政子ではなく景盛が代読したものなんだ。

感動的なそのスピーチは、監督・脚本は政子、演じたのは景盛、というすばらしい二人の共同作業だったからこそ、多くの御家人たちを感動させ、幕府を大勝利に導いたに違いない。

その政子の死後、前述のように景盛は高野山に籠もった。景盛は三代執権泰時《やすとき》の嫡子時氏《ときうじ》に、娘の**松下禅尼《まつしたぜんに》**を嫁がせた。生まれた子が続けて四代、五代執権となったことによって、景盛は外祖父として幕府での権勢を強めた。景盛の娘、松下禅尼は、息子の五代執権時頼に倹約のススメを教えた人として有名だ。

景盛の娘、松下禅尼の倹約の教えは、明治の児童書の題材にもなった

禅尼は古ぼけた障子の破れている箇所を、自ら小刀を使って切り貼りした。その姿を時頼に見せることで、倹約の心を教えたという。

このエピソードは、兼好法師《けんこうほうし》が『徒《つれ》然草《づれぐさ》』の第百八十四段で紹介しているものだけど、**時頼は母の教えに従って生涯倹約家で通した。**それもこれも、松下禅尼の父景盛の教育の賜物《たまもの》といえるだろう。

◆「食うか、食われるか」――北条氏とともに三浦一族を排除

景盛が最後に大活躍したのは、「宝治合戦」だった。

宝治元年（一二四七）、五代執権時頼と三浦氏の対立が激化した。幕府のナンバーワンとツーの戦いだ。

この時、両陣とも和平派と強硬派に分かれたけど、**景盛は三浦氏打倒の強硬派だった**。一方、景盛の息子や孫は和平派だった。その不甲斐ない姿を見て、いてもたってもいられなくなった景盛は、老いた身を押して高野山を出て鎌倉に下った。

執権時頼も和平派で、三浦氏との和解を模索していたけど、景盛は時頼を説得して打倒三浦氏へと舵を切らせた。

幕府草創期、御家人同士の血で血を洗う争いを直接経験していた景盛の読みは甘くない。「食うか、食われるか」だ。そのことを身に染《し》みてわかっていた景盛は、「宝治合戦」で三浦一族を滅亡に追い込んだ。

結局、三浦氏は最後まで挙兵することなく、五百余人が自刃して果てた。合掌。

この「宝治合戦」によって、北条氏は敵対する最大勢力の三浦氏を排除し、専制的な執権政治を確立した。そして同盟者たる安達氏の地位も安泰となった。

これに安心したのか、景盛は「宝治合戦」の翌年、高野山で没した。享年は不明だが、大往生を遂げたといえるだろう。

コラム

義盛と巴御前の息子・義秀

「和田合戦」で軍神さながらの強さを発揮した和田義盛の三男**義秀**《よしひで》は、木曾義仲《きそよしなか》の愛妾巴御前《ともえごぜん》と義盛の子だという伝説があるんだ。

義仲が敗死したのち、巴御前は頼朝方に捕らえられた。巴御前の無双ぶりを聞いた義盛は、**「そんな剛《ごう》の女武者がいるなら自分の子を成したい」**と頼朝に申し出て、巴御前を娶ったのちに、義秀が生まれたという。

義秀は安房国朝比奈《あわのくにあさひな》（朝夷奈）郡が領地だったことから「朝比奈」を苗字とした。鎌倉の「朝比奈切通《きりどお》し」という峠《とうげ》道は、**朝比奈義秀が一夜で切り開いた（!!）ところからその名が付けられる**など、義秀の怪力ぶりを伝えるエピソードは多い。

しかし、義秀の生年が義仲の死以前であることから、この話は作り話だろう。「和田合戦」後の義秀が高麗《こうらい》に渡ったという話もある。義経伝説と同じロマンを感じるね。

●参考文献

『新釈吾妻鏡 上・下』小沢彰（千秋社）／『現代語訳吾妻鏡 1～16』五味文彦・本郷和人編、『吾妻鏡の謎』奥富敬之、『鎌倉将軍 執権 連署列伝』日本史史料研究会監修・細川重男編、『人物叢書 北条義時』安田元久、『人物叢書 源通親』橋本義彦、『人物叢書 畠山重忠』貫達人、『人物叢書 北条政子』渡辺保、『鎌倉幕府の転換点「吾妻鏡」を読みなおす』永井晋、『吾妻鏡の方法 事実と神話にみる中世』五味文彦、『人を歩く 源頼朝と鎌倉』坂井孝一、『敗者の日本史6 承久の乱と後鳥羽院』関幸彦（以上、吉川弘文館）／『マンガ日本の古典 吾妻鏡 上・中・下』竹下恵子（中央公論新社）／『承久の乱』坂井孝一（中公新書）／『愚管抄 全現代語訳』慈円著・大隅和雄訳、『執権 北条氏と鎌倉幕府』細川重男（以上、講談社学術文庫）／『源実朝「東国の王権」を夢見た将軍』坂井孝一（講談社選書メチエ）／『人物すべてシリーズ 源頼朝のすべて』奥富敬之、『源氏三代101の謎』奥富敬之、『和歌が語る吾妻鏡の世界』大谷雅子（以上、新人物往来社）／『逆説の日本史5 中世動乱編』井沢元彦（小学館文庫）／『権勢の政治家 平清盛』安田元久（清水書院）／『井沢元彦の激闘の日本史 北条執権と元寇の危機』井沢元彦（KADOKAWA）／『徹底大研究日本の歴史人物シリーズ3 源頼朝』奥富敬之監修（ポプラ社）／『ミネルヴァ日本評伝選 北条義時』岡田清一（ミネルヴァ書房）／『教養の日本史 鎌倉武士の世界』阿部猛（東京堂出版）／『承久の乱』本郷和人（文春新書）／『炎環』永井路子、『北条政子』永井路子（以上、文春文庫）

●写真提供

ColBase（https://colbase.nich.go.jp/）：p.29、91、165、183／国立国会図書館ウェブサイト：p.71、233／フォトライブラリー：p.57、62、119、137、149、199、203、217

本書は、本文庫のために書き下ろされたものです。

眠《ねむ》れないほどおもしろい吾妻鏡《あずまかがみ》

著者　板野博行（いたの・ひろゆき）
発行者　押鐘太陽
発行所　株式会社三笠書房
〒102-0072 東京都千代田区飯田橋3-3-1
電話　03-5226-5734（営業部）03-5226-5731（編集部）
https://www.mikasashobo.co.jp
印刷　誠宏印刷
製本　ナショナル製本

 ISBN978-4-8379-6986-0 C0195

王様文庫

王様文庫

大好評 ベストセラー！
板野博行の本

眠れないほどおもしろい平家物語
平家の栄華、そして没落までを鮮やかに描く「超ド級・栄枯盛衰エンタメ物語」！ 熾烈な権力闘争あり、哀しい恋の物語あり……「あはれ」に満ちた古典の名作を、わかりやすく紹介！

眠れないほどおもしろいやばい文豪
文豪たちは「やばい」から「すごい」！ ◇炸裂するナルシシズム ◇「純愛一筋」から「火宅の人」に大豹変 ◇短歌を連発する「天才的たかり魔」……全部「小説のネタ」だった!?

眠れないほどおもしろい百人一首
百花繚乱！ 心ときめく和歌の世界へようこそ！ 恋の喜び・切なさ、四季の美に触れる感動、別れの哀しみ、人生の儚さ……王朝のロマン溢れる、ドラマチックな名歌を堪能！

眠れないほどおもしろい源氏物語
マンガ＆人物ダイジェストで読む〝王朝ラブストーリー〟！ 光源氏、紫の上、六条御息所、朧月夜、明石の君、浮舟……この一冊で『源氏物語』のあらすじがわかる！

眠れないほどおもしろい万葉集
ページをひらいた瞬間「万葉ロマン」の世界が広がる！ ＊巻頭を飾るのはナンパの歌!? ＊ミステリアス美女・額田王の大傑作…あの歌に込められた〝驚きのエピソード〟とは!?

眠れないほどおもしろい徒然草
「最高級の人生論」も「超一流の悪口」も！ ◇酒飲みは「地獄に落つべし」！ ◇「気の合う人」なんて存在しない!?……兼好法師がつれづれなるまま「処世のコツ」を大放談！

K600017